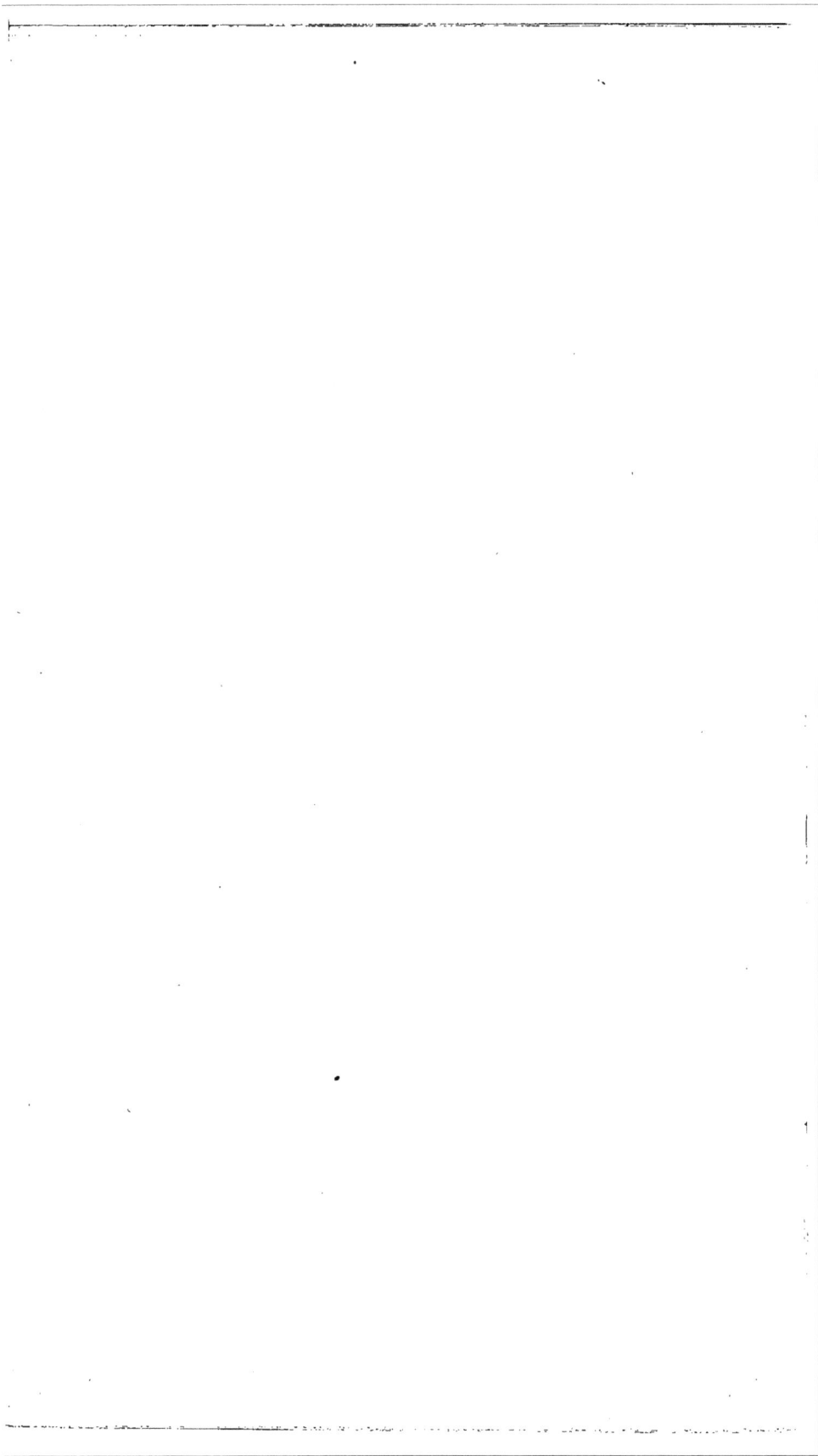

# HISTOIRE

# DE CHAUNY.

Laon. Ed. Fleury et Ad. Chevergny, imp.

# HISTOIRE

## DE LA

# VILLE DE CHAUNY

PAR

## M<sup>r</sup> MELLEVILLE,

AUTEUR DES HISTOIRES DE LAON, DE COUCY-LE-CHATEAU, ETC.

A LAON,

Chez l'auteur, porte Saint-Martin,

DANS LE DÉPARTEMENT,

Chez tous les libraires.

A PARIS,

Chez Dumoulin, libraire, quai des Augustins, 15.

—

1851

Vue de la ville de Chauny, en 1604

# CHAPITRE I.er

Chauny, que les vieux titres et les anciens historiens nomment *Calni* ou *Chaulni*, et en latin *Calnacum*, *Calniacum*, *Cauniacum*, *Calviniacum* et *Chauniacum*, est bâti sur la rive droite de l'Oise, au centre d'une fertile vallée garantie des vents violens et froids de l'ouest par la longue colline qui s'étend de Noyon jusqu'à Genlis. Nos aïeux, qui se plaisaient à désigner les villes par quelque trait distinctif, disaient de celle de Chauny : « Elle est la bien nommée, » voulant ainsi rappeler, par un jeu de mot (*chaud nid*), cette heureuse situation dans une vallée chaude et abritée.

Selon toute probabilité, cette ville se sera formée au-

tour d'un château-fort qui, primitivement, s'élevait seul sur
l'emplacement où furent plus tard construits les couvens
des religieux de Sainte-Croix et des Minimes, les rues Hamoise, Victimée et des Pierres, une partie de la place et
du Brouage.

Mais à quelle époque ce château fut-il lui-même bâti?
c'est ce qu'on ne saurait dire avec certitude. On peut présumer seulement, et cela présente une grande vraisemblance, que les premiers comtes du Vermandois en ont été
les fondateurs. Ils auront voulu sans doute, comme il se
pratiquait dans ces temps reculés, borner et défendre les
frontières de leur nouveau domaine, en élevant, de distance
en distance, le long de ces mêmes frontières, une série
de forteresses qu'à cause de cela on nommait autrefois
*châteaux borniers.* Telle serait l'origine des châteaux de
Ham, Nesle, Ronsoy, Estrées-en-Arrouaise, Guise, Ribemont, Vendeuil et Chauny, villes ou villages qui marquent
en effet les limites de l'ancien Vermandois. Cette conjecture, si elle pouvait être appuyée de preuves authentiques,
ferait remonter la construction de celui de Chauny à la
seconde moitié du 9e siècle au plus tôt.

On prétend que les premières familles qui vinrent s'établir sous la protection de ce château, furent les habitans
d'une plus ancienne cité, de Condren, ville ou bourgade
gauloise, ou gallo-romaine, placée à la distance d'une lieue
à l'ouest de Chauny, sur la grande chaussée romaine qui
conduisait autrefois de Soissons à Saint-Quentin. Mais si la
tradition rapporte que Condren fut une première fois ravagé par les Vandales en l'an 407, et ruiné par les Huns
moins d'un demi-siècle après, pour mettre cette tradition
d'accord avec les conjectures exposées plus haut, il ne fau-
drait point placer la fuite des habitans de Condren et leur

fixation à Chauny à cette date reculée ; il conviendrait au contraire de les rapporter à la fin du 9e siècle, époque où les Normands dévastèrent de nouveau Condren, et en chassèrent les habitans. C'est alors seulement que ces derniers seraient venus se réfugier sous la protection du château de Chauny, et auraient construit à l'entour quelques habitations, origine de la ville actuelle.

Cette conjecture se fortifie d'un fait d'ailleurs bien établi. Sous Charles-le-Chauve, au milieu du 9e siècle, Condren était encore le chef-lieu d'un petit canton. Cette antique bourgade n'avait donc point été complètement détruite par les Huns et les Vandales ; ou bien, depuis leurs ravages, elle s'était assez relevée de ses ruines pour reconquérir une certaine importance. Mais, à partir de ce moment, cette importance s'efface si complètement, que Condren n'apparait plus dans l'histoire que comme débris d'une cité ancienne entièrement ruinée.

Que conclure de ce fait ? sinon que l'émigration des habitans de Condren et leur fixation à Chauny, si elles ont eu lieu, ne se sont réellement accomplies qu'à la fin du 9e siècle, précisément à l'époque où nous plaçons la construction du château de cette dernière ville.

Quoi qu'il en soit, les commencemens de Chauny comme ceux de toutes les autres villes de nos contrées, furent des plus faibles. Ce ne fut longtemps qu'une petite bourgade placée sous la protection du château dont nous venons de parler, entourée de quelques ouvrages défensifs en terre et en gazon, et constituant ce qu'on nommait autrefois un *castrum*, un *castellum*, c'est-à-dire, une petite forteresse. Aussi, les chartes des 10e, 11e et même du 12e siècles ne lui donnent-elles pas d'autre nom. Il est du moins certain qu'au 10e siècle, on ne voyait point encore à Chauny d'église particulière, et les habitans dépendaient au spirituel de la paroisse de Viry; ce qui n'aurait point eu lieu, s'ils se fussent trouvés assez nombreux pour pouvoir constituer une paroisse à eux seuls. Au reste, c'est à cette époque seulement que remontent les données certaines sur Chauny dont la connaissance est parvenue jusqu'à nous.

Il est hors de doute que la terre de Chauny faisait originairement partie du domaine royal. Détachée de ce domaine au 9e siècle pour être incorporée au Vermandois, les comtes de cette province la donnèrent, dit-on, vers l'an 850, à titre de bénéfice à un seigneur particulier, qui faisait sa résidence dans le château.

Un nommé Bernard occupait ce château en 949 : il y fut assiégé cette année par Albert, comte de Vermandois, pour le punir de ce qu'il tenait le parti de Hugues-le-Blanc, adversaire et compétiteur de Louis-d'Outremer, dont Albert était le partisan et l'allié. Bernard n'obtint de rester dans le château de Chauny qu'à la condition d'en faire hommage aux comtes de Vermandois, et de se reconnaître leur vassal.

Pendant les deux siècles qui suivirent cet événement, rien ne révèle, dans l'histoire, l'existence de la ville de Chauny, sinon le récit de la translation, en 1066, des reliques de saint Amand, évêque de Maëstrich, où il en est question comme l'une de celle qui traversa le cortége.

Toutefois, Chauny avait acquis assez d'importance au milieu du 12e siècle, pour que Philippe d'Alsace, comte de Flandres, auquel le comté de Vermandois venait d'échoir par succession, ait cru avoir besoin de s'attacher les Chaunois, ses nouveaux sujets, en leur accordant une charte de commune calquée sur celle de Saint-Quentin.

« Pour que les choses dont nous voulons perpétuer la » mémoire ne soient point effacées par le vent de l'oubli,

» dit le comte dans le préambule de cette charte, nous
» avons cru prudent de les faire mettre par écrit. Moi,
» Philippe, comte de Flandres et de Vermandois, et Isa-
» belle (1), mon épouse chérie, nous avons concédé aux
» habitans de Chauny une commune selon l'usage et
» les coutumes de la commune de Saint-Quentin, et l'avons
» fait revêtir de l'autorité de notre sceau. Nous déchargeons
» les habitans de tous les plaids et de toutes les corvées,
» sous la condition de nous payer chaque année, et dans
» les vingt jours qui suivent la Nativité du Sauveur, douze
» deniers de Provins par chaque ménage. Quand nous vien-
» drons dans cette ville, le mayeur devra nous faire fournir
» tous les lits dont nous aurons besoin. Les habitans conti-
» nueront à s'acquitter de l'ost et de la chevauchée (2),
» comme du temps du comte Raoul. Ils répondront à notre
» bailli de ceux qui seront traduits en justice, consentant
» d'ailleurs à ce que les petites affaires soient jugées par le
» châtelain. »

On voit à quelles conditions les Chaunois obtinrent une
charte de commune : ce fut de payer annuellement à leur
seigneur une rente de douze deniers de Provins par ménage, de le défrayer de couchures lorsqu'il viendrait les
visiter, de l'accompagner en armes dans ses tournées et
de le suivre à la guerre. Il est sans doute des villes qui
furent dotées d'institutions communales à des conditions plus

(1) La charte porte simplement un E comme première lettre du nom
de l'épouse du comte de Flandres ; c'est là sans doute une erreur, et il
faut y voir un I, initiale d'Isabelle.
(2) Le droit d'ost imposait aux habitans l'obligation de fournir à leur
seigneur un certain nombre d'hommes pour aller à la guerre. Par la
chevauchée, ils étaient tenus de l'accompagner en armes pour lui faire
honneur dans les tournées qu'il faisait sur ses domaines.

libérales ; mais il en est aussi d'autres qui ne crurent pas acheter trop cher ces franchises à des conditions beaucoup plus onéreuses. On doit toutefois remarquer que, contrairement à l'usage, l'exercice de la justice ne fut point abandonné aux habitans de Chauny, et qu'elle resta tout entière aux mains des officiers du comte.

Quant à la charte de Chauny, qui fut confirmée la même année par le roi de France, le texte en est depuis longtemps perdu, et toutes nos recherches n'ont pu, jusqu'à présent, nous le faire retrouver. Les dispositions n'en sont donc point connues d'une manière certaine. On sait seulement qu'elle donnait aux bourgeois le droit de se garder eux-mêmes en temps de paix comme en temps de guerre, et que le mayeur devenait gouverneur de la ville par le seul fait de son élection. On peut en outre présumer qu'elle abolissait la morte-main, le fors-mariage et autres servitudes féodales dont ne parle pas le préambule que nous avons rapporté plus haut.

Chauny jouissait depuis moins de vingt ans de ces franchises, quand son territoire rentra définitivement dans les mains du roi. Une révolution de palais en fut la cause principale.

Nous avons vu que les comtes de Flandres, à leurs biens paternels déjà très considérables, avaient joint, par héritage, vers 1167, tout le comté de Vermandois. Ce comté, établi au 9ᵉ siècle en faveur de Pépin, fils de Bernard, roi d'Italie, ne comprenait originairement que le petit pays situé entre la forêt d'Arrouaise au nord, celles de Bouvresse et de Baine au midi, la Somme à l'ouest, et à l'est une ligne parallèle au cours de l'Oise, mais éloignée de plusieurs lieues de cette rivière. Ce comté s'agrandit bien vite entre les mains des seigneurs puissans qui en étaient détenteurs, et au 10e siècle, on vit l'un d'eux, le fameux Herbert, si célèbre dans l'histoire par sa turbulenee et sa mauvaise foi, y adjoindre le comté de Laon, et en reculer ainsi les limites jusqu'à la rivière d'Ailette et aux frontières du Rémois. A l'époque où nous sommes arrivés, le Vermandois n'allait plus, il est vrai, que jusqu'aux rives de l'Oise et de la Somme; mais ajouté aux vastes possessions qui constituaient le comté de Flandres, il formait, pour les seigneurs de ce nom, une sorte de petit royaume à peu près indépendant, et aussi considérable que celui sur lequel régnait alors le roi de France.

Cette puissance exorbitante devait susciter des ombrages, faire naître des jalousies; c'est ce qui arriva. Le comte de Flandres, depuis surtout le mariage de sa nièce avec Philippe-Auguste, était tout puissant à la cour. Rien ne se faisait sans ses ordres: c'était véritablement lui qui exerçait la puissance royale. Mais la reine-mère était blessée de sentir son influence sur l'esprit du jeune roi détruite. Les grands seigneurs ne voyaient pas avec moins d'envie l'immense crédit du comte de Flandres. Raoul Ier, sire de Coucy, et le comte de Clermont, étaient ceux qui supportaient avec le plus d'impatience l'autorité de Philippe d'Alsace. Ils intriguèrent si bien auprès du jeune roi, qu'ils parvinrent à lui inspirer des méfiances sur les vues et la fidélité de son puissant vassal, et bientôt le comte de Flandres, placé sous le coup d'une disgrâce, fut obligé de se retirer dans ses domaines.

Philippe d'Alsace, animé par la vengeance, réclama aussitôt la suzeraineté des terres de Marle et de Vervins qui, autrefois, avaient fait partie du domaine de Vermandois et appartenaient alors au sire de Coucy. Cette prétention, si elle eût été admise, aurait placé Raoul sous la dépendance du comte de Flandres, ce dont l'orgueilleux sire de Coucy ne voulait pas entendre parler. Aussi poussa-t-il le roi à répondre à cette prétention par une autre. Ce dernier, à son tour, exigea la souveraineté du Vermandois tout entier. Les hostilités commencèrent, et le roi parvint, à ce qu'il paraît, à se saisir de plusieurs places frontières de cette province, parmi lesquelles Chauny tenait le premier rang.

Pendant ce temps, Eléonore, femme du comte de Beaumont-sur-Oise, et sœur d'Isabelle, épouse du comte de Flandres, voyant cette dernière sans enfans de son mari, songeait à réclamer à sa mort, qu'on prévoyait devoir être prochaine, le comté de Vermandois qui provenait de leur père commun. Elle traita en secret avec le roi de France, et il fut convenu que celui-ci forcerait le comte de Flandres, après la mort de sa femme, à rendre le Vermandois à Eléonore, laquelle lui en abandonnerait à son tour la propriété, si elle venait à décéder elle-même sans héritier.

A la mort d'Isabelle, comtesse de Flandres, la guerre se ralluma donc plus vive et plus acharnée. Chauny fut repris par Philippe d'Alsace, les pays d'alentour brûlés et dévastés. Enfin, après quatre ans d'hostilités incessantes, la paix fut conclue entre Philippe-Auguste et Philippe d'Alsace, le 10 mars 1186. Ce dernier remit le Vermandois dans les mains du roi, ainsi que la ville de Chauny, gardant seulement en jouissance viagère les villes de Péronne et de Saint-Quentin, avec le titre de comte de Vermandois.

La longue période de tranquillité dont cette paix fut suivie, devint, pour Chauny, une cause puissante d'agrandissement et de prospérité. Grâce à sa position sur la rivière d'Oise, au point où elle commençait alors à être navigable, il s'y forma un port dont l'importance s'accrut bien vite, parce qu'il devint l'entrepôt de toutes les denrées du pays, comme le blé, le foin, la paille, le lin, le chanvre, les avoines, et particulièrement le bois provenant des forêts de Coucy et de La Fère, tous objets qui s'expédiaient sur la Capitale. La population de Chauny augmenta dès-lors rapidement, et bientôt l'on vit plusieurs faubourgs se former autour de la ville. Le *Brouage*, les *Pâtureaux*, le *Pissot*, *Senicourt* (1) et le *Bailli* s'établirent les premiers; le faubourg de la *Chaussée* ne fut bâti qu'après 1213, le long d'une chaussée que l'on contruisit cette année dans les marais pour former une entrée au chemin venant de Coucy.

Une église paroissiale avait été, dès le 11ᵉ siècle, élevée à Chauny, et consacrée sous le titre de Notre-Dame (2).

(1) Le Brouage, quoique portant le nom de faubourg, était, à proprement parler, un quartier de la ville ; il fut même longtemps le plus beau. Il tirait sans doute son nom du voisinage du Brouage, ruisseau qui prend sa source auprès de Genlis, et vient se jeter dans l'Oise à Abbécourt. On y voyait de belles promenades.

Les Pâtureaux tenaient au Brouage. C'étaient, comme leur nom l'indique, des pâturages et des jardinages qui s'étendaient du côté d'Ognes. Là étaient les Vieux-Moulins et les bueries dont il sera fait mention par la suite.

Le Pissot tirait son nom de l'abondance de ses eaux.

Senicourt est le faubourg le plus éloigné de Chauny. Il s'étend vers l'Est et possède, de toute ancienneté, une église paroissiale sous le vocable de saint Jean-Baptiste. Le peuple donnait jadis à ce saint le nom étrange de saint *Alivergot*, mot qui, dit-on, est celtique, et signifie un homme décapité.

On voyait encore autrefois à Chauny un autre faubourg nommé *Selegne*. Il était hors de la porte Hamoise vers Genlis. Il fut détruit dans le temps des guerres avec son église paroissiale.

(2) Cette église existait certainement dès le milieu du 11ᵉ siècle, puisqu'Herbert IV, comte de Vermandois, lui donna, en 1059, les censes de Flavy et de Thérigny (Tergniers.)

Elle fut d'abord desservie par quelques chanoines ; mais cette communauté ayant été plus tard (1125) transformée en une petite abbaye de chanoines réguliers sous la règle de saint Augustin, ces derniers trouvèrent que l'emplacement de leur maison fournissait peu d'aisances, et que le tumulte et l'agitation des habitations voisines mettaient obstacle à leur tranquillité. C'est pourquoi ils quittèrent Chauny en 1139, et se retirèrent dans la forêt voisine, au milieu d'une solitude nommée *les Fontaines Saint-Eloi*, aujourd'hui Commenchon. Dès-lors, la maison de Chauny ne fut plus qu'un simple prieuré dépendant de cette abbaye, à laquelle il fut même définitivement réuni en 1619 (1).

La seconde église de Chauny, sous le vocable de saint Martin, fut bâtie à la fin du 12e siècle pour le faubourg du Brouage ; celui-ci ne fut enfermé dans la ville que vers 1380.

Le roi de France étant, comme nous venons de le dire, rentré en possession de la terre de Chauny, ne pouvait faire moins pour les habitans de cette ville que n'avait fait le comte de Flandres. Il était même d'une bonne politique de se montrer plus libéral, afin de se les attacher en leur faisant oublier qu'ils devaient la liberté civile à un prince étranger. Le moyen le plus sûr d'atteindre ce but, était de leur accorder des franchises plus étendues que celles contenues dans leur première charte de commune ; c'est aussi ce que fit Philippe-Auguste. Il leur octroya, en 1213, une nouvelle charte communale, cette fois encore calquée sur celle de Saint-Quentin, mais qu'il avait refondue, complétée et

---

(1) La paroisse de Saint Nicolas fut instituée dans le moment même de ce changement. Elle était établie dans l'église de Notre-Dame, et comprenait les faubourgs de la Chaussée et du Bailli, ainsi que cette partie de la ville autrefois nommée l'*Ile du Pont-Royal*.

augmentée dès l'année 1195. En échange de ces franchises nouvelles, le roi n'exigea des Chaunois rien de plus que le comte de Flandres. Ils eurent seulement à lui payer, comme ils le faisaient à ce dernier, une redevance annuelle de douze deniers par feu ou ménage, à lui fournir les lits nécessaires lorsqu'il viendrait dans leur ville, à prendre les armes toutes les fois qu'ils en seraient requis, et à faire marcher un certain nombre d'hommes armés à la guerre. L'analyse suivante de la nouvelle charte de Chauny en fera connaître les dispositions et l'esprit.

Elle commence par consacrer la liberté des personnes et des biens de la commune. Tout homme, excepté les hommes de corps, pouvaient en faire partie, et ne devaient plus rien à leur seigneur, que le *chevage* (1). Toute autre personne pouvait également y entrer et y demeurer en sûreté, elle et le bien qu'elle y apportait ; mais ce qu'elle laissait dans le lieu qu'elle quittait, appartenait à son seigneur.

La charte de Chauny établissait la possession définitive d'un bien, lorsqu'on en avait joui pendant un an et un jour. Cette possession pouvait être contestée seulement par le mineur et celui qui se trouvait en pays étranger. Elle réglait en même temps l'ordre de succession : le bien, laissé par un homme en mourant, appartenait de droit à son héritier naturel.

Elle voulait que les réglemens de police et d'administration intérieure fussent faits par le mayeur et les jurés seuls, le roi ne pouvant y intervenir.

---

(1) Le chevage était un droit de douze deniers parisis qui se payait annuellement au seigneur par les bâtards et aubains mariés et établis dans ses domaines. Les gens assujettis au chevage, portaient le nom de *Chevagiers*.

Elle s'occupait surtout de l'administration de la justice. La juridiction de la commune ne dépassait pas la banlieue. En cas de différent entre le roi et la commune, le jugement en était remis aux clercs et aux nobles de Chauny. Si le différent avait lieu entre le roi et un particulier, la cause était portée devant le mayeur et les jurés. Quiconque commettait une forfaiture, devait être traduit devant le mayeur. S'il était convaincu, ou refusait de comparaître, on le bannissait de la ville, et il ne pouvait y rentrer sans le consentement du mayeur et des échevins. Sa maison, si elle était dans la commune, devait être démolie ; si elle se trouvait au dehors, et qu'il fût nécessaire d'employer la force pour la jeter bas, le roi était tenu de prêter assistance. Le mayeur et les jurés ne devaient aucune réparation pour un jugement rendu dans les formes. Le meurtrier, que mort s'en fût suivie ou non, devait être amené mort ou vif devant le juge royal, et sa maison démolie. Si c'était un bourgeois, tous ses biens devaient être confisqués au profit du roi. Dans le cas où le coupable ne pouvait être saisi, il était banni à perpétuité. La commune ne pouvait s'opposer à l'arrestation, par les officiers du roi, du criminel qui se réfugiait dans la ville. Le banni qui voulait rentrer, devait se conformer aux conditions que lui imposaient le mayeur et les jurés. Aucun homme de la commune ne pouvait être cité à gage. Le bourgeois coupable de forfaiture ne pouvait être emmené hors de la commune, ni contraint de nourrir ses gardes, ni enchaîné autrement que les fers aux pieds. Le voleur arrêté en flagrant délit, devait être livré au châtelain, qui le faisait mettre au pilori, et le condamnait ensuite. Le prêt fait dans la ville ne pouvait être exigé hors de la ville. Un bourgeois pouvait, sans forfaiture, arrêter son débiteur, et le livrer au juge, ou recevoir un gage de sa créance. Enfin, personne ne pouvait être cité au dehors de la commune, et la femme de celui qui se rendait coupable de forfaiture, être arrêtée, ni ses effets saisis.

Le mayeur et les jurés avaient encore le droit de faire des levées de deniers sur tous les biens et héritages des bourgeois, d'établir des taxes dans la ville, d'élever, sans forfaiture, des fortifications partout où ils le jugeaient convenables. Le roi s'engageait à ne point affaiblir la monnaie, ni à en introduire de nouvelle, à moins d'insuffisance. Cette dernière, dans ce cas, ne pouvait être d'un titre inférieur à l'ancienne (1).

Chacun avait le droit de dresser un étal partout où il le voulait, et les habitans étaient déchargés de tout plaid et de toute corvée; mais, un impôt, destiné à l'entretien des chaussées, était établi sur les voitures. Celles à deux roues ferrées payaient un denier; non ferrées, une obole. Celles à quatre roues ferrées deux deniers; non ferrées, deux oboles. Enfin, chacun était libre de résider au dehors sans forfaiture pendant un certain espace de temps (2).

La charte communale de Chauny donne lieu à quelques remarques. L'une de ses dispositions constate qu'au commencement du 15e siècle, cette ville possédait des manufactures de laine. Cette disposition est ainsi conçue : Le fileur ou le préparateur qui aura vendu la laine à lui con-

---

(1) Ces dispositions concernant la monnaie, ont trompé plusieurs écrivains, en les portant à croire que Chauny aurait autrefois possédé un atelier monétaire. Il n'en est rien : elles sont seulement relatives à la monnaie royale.

(2) Le signe extérieur et matériel de la commune était, comme on sait, le beffroi. Chauny avait le sien, qui fut démoli en 1557. On en voit des restes dans la cour de l'hôtel-Dieu actuel. C'est une tour carrée et massive, bâtie en grès, qui ne présente absolument rien d'intéressant.

fiée, sera tenu de la restituer. On y voit aussi que le mayeur et les échevins ne devaient exercer que la moyenne et basse justice, la haute justice restant dans les mains du roi ou de ses officiers.

Il n'est pas non plus hors de propos de faire remarquer que, bien que la charte de Chauny consacrât la liberté civile des habitans, trois des faubourgs de cette ville continuèrent à avoir des seigneurs et à former des fiefs particuliers. Au 15e siècle, et plus tard encore, la seigneurie de Senicourt fut possédée par la maison d'Oigny, maison illustre qui figure honorablement dans l'histoire. Elle fut réunie, au 17e siècle, à celle du Pissot, et passa dans les mains d'un sieur de Fricamp. Il y avait en outre, à Senicourt, deux arrières-fiefs, dits de *Piat* (*Piatum*) et des *Goyers-Marets* ou des *Cressoniers*.

Le fief de Piat a donné son nom à une ancienne famille connue depuis 1545. Celui des Cressoniers fut possédé depuis 1536 jusqu'en 1550 par la famille Grouchet.

Le faubourg de Selegue formait aussi un fief qui appartenait à l'abbaye de Saint-Eloi-Fontaine.

Enfin il y avait un sixième fief nommé Elmonde (*Elmondus*), dont les chanoines de Noyon furent longtemps propriétaires.

L'élection du mayeur et des échevins de Chauny avait lieu, chaque année, le jour de la Saint-Jean. Ce jour, comme on le sait, était jadis fêté par des réjouissances publiques que terminait ordinairement un feu de joie, auquel on donnait le nom de *feu de la Saint-Jean.* Les Chaunois ne manquaient pas de faire aussi cette fête, et il y en avait pour eux une raison qui n'existait pas pour les autres, puisque c'était, comme nous venons de le dire, le jour où se faisait la nomination de leurs officiers municipaux.

Aussitôt l'élection terminée (1), le nouveau mayeur se transportait sur la place, précédé de la musique et des valets de ville portant des torches allumées, suivi des jurés et des échevins qui lui formaient cortége. La foule garnissait cette place au centre de laquelle s'élevait un énorme bûcher. Là, en présence du peuple, ce fonctionnaire prononçait, sur les évangiles, le serment suivant qui lui était dicté par son prédécesseur :

« Vous jurès, par la figure nostre Seigneur Jésus-Christ,
» que vous veez (voyez) icy représentée, par les sainctes
» évangiles et les sainctes paroles qui dedans ce livre sont
» escrites, par vertu desquelles le corps de nostre Seigneur
» Jésus-Christ est consacré par le Sainct-Sacrement, que
» l'on a huy (aujourd'hui) célébré par toutes les églises, là
» où on croit en Dieu, seur vostre part de paradis et seur le
» péril de vostre asme, que l'office de la mairerie de Chauny,
» là où vous estes élu pour ceste présente année, vous
» ferès bien et loialement, et sauf les droits du roi, de l'é-
» glise et francs hommes de Chauny; garderès les droits de
» ladite ville; ferès faire adjournement licites et raisonna-
» bles; ferès à vostre povoir bons et loyaux rapports et
» appointemens, ne aggraverès personne pour haine, ne
» allegerès par amour, don ne promesse; ferès tel droict
» au pauvre comme au riche, au riche comme au pauvre;
» cèlerès le conseil; garderès l'avoir de la ville et la paix
» des compaignons par le conseil des jurés, et rendrès la-
» dite mairerie huit ou seize jours, peu plus, peu moins,

(1) Le peuple votait par quartiers. Il était conduit, bannières déployées, par les *mayeurs d'enseignes*, ou capitaines de quartiers. Ceux-ci étaient au nombre de cinq, trois pour la ville, et deux pour les faubourgs. Leur charge était annuelle. Ils furent supprimés en 1663.

» devant le jour de la fête de la Nativité sainct Jehan Bap-
» tiste, en la manière accoustumée. »

On voit quelles précautions étaient prises pour maintenir
le mayeur dans la ligne de ses devoirs. C'est la main sur
les évangiles, en engageant la part qui lui revenait dans le
paradis, qu'il jurait d'administrer avec équité et dévouement, de rendre justice au petit comme au grand, de ré-
partir également les charges publiques; enfin, de quitter sa
charge au bout de son année d'exercice, sans chercher à
s'y perpétuer plus de huit ou quinze jours.

Le mayeur, après ce serment, se tournait vers le peuple,
exhortait les habitans à la paix entre eux, à l'obéissance
envers les gens du roi. Il leur promettait de veiller à la
conservation de leurs priviléges, et leur défendait, sous peine
d'amende, de jouer aux dés dans la ville, car ce jeu était
considéré non-seulement comme une source de querelles et
de batailles, mais encore comme une passion propre à
détourner le peuple du travail, et à lui faire contracter des
habitudes de paresse. Enfin, dans l'intérêt de l'ordre et de
la sécurité publiques, il leur défendait de sortir la nuit sans
clarté, après que la cloche avait sonné le couvre-feu. Sai-
sissant ensuite une torche dans les mains d'un des valets de
ville, il mettait le feu au bûcher dressé devant lui, tandis
que les cloches des différentes églises de la ville sonnaient
à toute volée.

Le cortége retournait alors à l'hôtel de ville où il trouvait, préparée pour lui, une collation composée de sucre-
ries, et particulièrement de maquereaux en nombre égal à
celui des officiers composant le corps de ville. De là est
venu que le peuple, dans sa malice, prit coutume de dire :
autant de messieurs de ville, autant de maquereaux. On
remettait en même temps, au mayeur, comme marque de

sa dignité, une épée garnie en argent. Quant au peuple, il
restait sur la place, dansant en rond autour du feu de joie,
et mettant à profit ce moment de licence pour se livrer à
mille folies.

Le lendemain, le corps de ville était encore dans l'usage
d'aller pêcher en grande cérémonie sur la rivière d'Oise,
depuis Chauny jusqu'à Condren. Montés sur des bateaux
préparés à cet effet, le mayeur, les jurés et les échevins
parcouraient la rivière le filet à la main. Cette cérémonie,
qui constituait une sorte de prise de possession, avait également lieu dans d'autres villes, notamment à Laon.

La charge de mayeur n'était point gratuite, comme on
pourrait le croire ; il est bien certain au contraire qu'il tou-
chait une rétribution annuelle sur les revenus communaux ;
mais nous n'avons pu découvrir à quel chiffre s'élevaient
ces émolumens. Il avait droit en outre à *huit lots* de vin à
chacune des quatre grandes fêtes de l'année, et sous la
condition de donner à dîner, la veille de ces fêtes, à quelques-uns des officiers de la mairie, ses collègues.

La charge de mayeur fut simplement annuelle pendant
plus de quatre siècles. Les troubles de la Ligue apportèrent
des changemens à cet antique usage, et en 1590 on décida que les mayeurs pourraient être continués plus d'un an.

Cet état de choses fut encore changé en 1692. Louis XIV
ayant alors un grand besoin d'argent, rendit cette année un édit par lequel il ordonnait que la charge de maire
fût désormais perpétuelle à Chauny comme dans beaucoup
d'autres villes. En même temps, et c'était là le principal
motif de ce changement, il rendit cette charge vénale et la
mit aux enchères. A dater de ce jour, elle cessa d'être
laissée au choix des citoyens, et elle passa dans les mains

de différens particuliers assez riches pour pouvoir l'acheter (1).

Les jurés étaient originairement au nombre de onze. On sait que ce corps, destiné à aider le mayeur dans l'administration de la cité, présentait un effectif en rapport avec la population de la ville. Ils furent plus tard portés à treize, sans doute parce que la population s'était augmentée ; puis, successivement réduits, de telle sorte qu'on n'en comptait plus que six en 1639. Cinq ans après, leur nombre fut reporté à huit. Le roi ordonna en même temps qu'ils fussent désormais renouvelés par moitié chaque année.

De nouveaux changemens dûs à des causes analogues à celles rapportées plus haut, furent encore introduits dans cette organisation en 1676. Les jurés se virent alors réduits à quatre, dont deux perpétuels et électifs. Ils étaient élus le même jour que le maire, mais avant lui.

Les fonctions des échevins étaient d'aider le mayeur à rendre la justice à tous les hommes de la commune. Dans l'origine, ils étaient aussi les conseillers du juge royal. Leur nombre, comme celui des jurés, était également en rapport avec la population; mais aucun document ne nous en a révélé le chiffre. Après plusieurs changemens dans leur organisation, dont le principal leur enleva l'exercice de la justice, ils se trouvaient, au commencement du 18e siècle, réduits à cinq, dont deux pour le roi employés aux vests et saisines, et trois pour la ville, chargés de distribuer des secours aux pauvres.

(1) La ville fut cependant autorisée, en 1772, à racheter de ses deniers le droit de nommer ses officiers municipaux ; ce qu'elle fit moyennant la somme de 20,000 livres. La charge de maire était alors triennale ; celles d'échevins duraient deux ans.

Le droit de bourgeoisie s'acquérait de quatre manières :
par naissance, par mariage, par emploi public, par requête
ou demande. Les enfans n'étaient classés au nombre des
citoyens qu'au moment où ils atteignaient leur majorité,
époque où on les admettait à prêter serment. Les veuves gardaient le droit de bourgeoisie aussi longtemps qu'elles ne
convolaient pas en secondes noces avec des étrangers. Ceux-ci
pouvant être élus aux charges de la commune, acquéraient
par le seul fait de leur élection, ce même droit de bourgeoisie, après toutefois en avoir prêté le serment. Pour obtenir ce droit par demande ou requête, il fallait être de
condition libre, né de légitime mariage, exempt de *lèpre et
de procès*, possesseur d'un héritage de 60 sous de rente,
forte monnaie. Il fallait en outre payer une somme au profit
de la commune, faire quelques aumônes aux pauvres, et offrir
un repas à ses nouveaux concitoyens, ou se racheter de
cette obligation par une somme de 9 livres.

Le droit de bourgeoisie s'accordait encore gratuitement
à ceux qui avaient rendu des services signalés à la commune, quelquefois aussi à la prière de personnes de qualité.

Quand un étranger demandait le droit de bourgeoisie, il
devait faire connaître le nombre de ses enfans vivans, et
déclarer si sa femme n'était pas enceinte ; car ceux-là seuls
qui avaient vu le jour dans la commune, pouvaient réclamer
ce droit par naissance.

Tout bourgeois ayant prêté serment, devait contribuer,
pour sa part, dans les charges publiques. Il était tenu de
résider constamment dans la ville ou dans sa banlieue, ne
pouvant s'en absenter, sans forfaiture, que depuis la Purifi-
cation de la Vierge jusqu'à la fin d'avril, *pour son mars*,
depuis la Nativité de saint Jean-Baptiste jusqu'à la Saint-

Martin, *pour son août*, c'est-à-dire, durant le temps des semailles et pendant celui de la moisson.

Voici la formule du serment que tout individu était tenu de prêter pour obtenir d'être inscrit sur la liste des citoyens : « Vous jurès par le Dieu qui vous fist, par le Saint-Sacrement qu'on a huy célébré par toutes les églises, là où on croit en Dieu, par la part que entendez à avoir en paradis, et seur le péril de la dapnation de vostre asme, que l'office de la bourgeoisie de Chauny, là où vous estes reçu, vous ferès bon et loialement; aiderès à vostre pooir à garder les droicts, libertés et franchises de la bourgeoisie et ville de Chauny; cèlerès le conseil et secret de la ville là où vous serez appelé; garderès l'avoir de la ville et la paix des compaignons; ferès votre devoir de prendre gens que verrès combattans et délinquans, ès termes de la juridiction de la ville, iceux amenerès ès prison d'icelle ville; et si aucun bourgeois pour son catel et davrée (1) a prins aucun son debteur ( débiteur ), il vous requiert de détenir icelui debteur, tant comme icelui bourgeois est allé querre le justicier et eschevins de Chauny, ou de aller querre ledit justicier et eschevins, vous ferès l'un ou l'autre, ce quel que mieux vous plaira. »

Nous avons vu que la charte de Chauny accordait aux habitans le droit de fortifier leur ville. Ils pensèrent aussitôt à user du seul moyen qui pouvait les mettre à l'abri des attaques du dehors, sans cesse renaissantes à cette époque de troubles continuels. Mais comme ses dispendieux travaux

---

(1) Le *catel* était un objet réputé meuble bien qu'immeuble de sa nature, comme un moulin, un navire, les fruits pendans par racine, etc. La *davrée*, si nous ne nous trompons, s'entendait [des denrées et marchandises.

devaient être exécutés à leurs frais ; comme aussi leurs ressources financières n'étaient pas grandes, ils se contentèrent d'abord
d'entourer leur cité de fossés profonds, garnis de palissades
solides, qualifiées de *palis de ais bien tenus* par un ancien
historien. Pour donner quelque force à ces fortifications lé-
gères, ils construisirent des tours en maçonnerie de distance
en distance ; et aux principales entrées de la ville, ils élevèrent des portes également défendues par des tours en
pierres. Ces portes, au nombre de quatre, étaient celle *des
Cordiers*, située vis-à-vis l'hôtel-Dieu, devenu depuis l'hôtel
de ville ; celle *de Hangest* ou *de Noyon* au bout de la rue
des Juifs, et la porte *Hamoise*, bâtie à l'extrémité de la
rue de ce nom, vers Ham. La quatrième s'élevait au bout
du pont, du côté de Coucy. L'une des tours qui flanquait
cette dernière était dite *la Tournelle*, à cause qu'elle servait
de prison royale.

Les moulins et les fours de la ville étaient alors *banaux*,
c'est-à-dire, que les habitans devaient y moudre leurs
grains et y cuire leur pain, en payant un certain droit au
propriétaire de ces usines. Deux rues de Chauny ont conservé le souvenir de l'emplacement de ces anciens fours
banaux : l'une est celle du *Four*, l'autre est la rue du Four
*à la claie*, ainsi nommé de ce qu'il se fermait avec une
clef.

Les deux moulins de la ville étaient placés au Brouage ;
ce sont ceux qu'on nomma plus tard les Vieux-Moulins. Ils
furent donnés en 1171, par Philippe d'Alsace, comte de
Vermandois, à l'abbaye de Notre-Dame de Chauny. Leur
banalité s'étendait depuis la rivière d'Oise jusqu'à la pierre
*Aiguesoire*, et depuis la haie de Vouël jusqu'au ruisseau de
Varipont.

Au commencement du 15e siècle, ces moulins ne suffi-

4

saient plus aux besoins de la population, preuve qu'elle s'é-
tait beaucoup accrue depuis moins d'un siècle. Les habitans
de Chauny exposèrent au roi cet état de choses, qui les
menaçait de la disette même dans les temps d'abondance.
Ils le sollicitèrent donc de leur accorder l'autorisation de
faire moudre leur blé là où ils le voudraient, et ils en obtinrent ce droit en 1215. L'abbaye de Notre-Dame, malgré
tous ses efforts, ne put parer un coup qui devait porter un
grand préjudice à ses intérêts ; mais elle eut l'adresse d'en
amortir beaucoup l'effet, en entrant en arrangement avec
la ville. Elle s'engagea à construire à ses frais seuls trois
nouveaux moulins, sous la condition que les habitans mou-
draient exclusivement à ces moulins, et que les meuniers
étrangers ne pourraient venir chercher de grain en ville.
Il fut toutefois dit que les Chaunois pourraient faire moudre
au dehors de la banlieue, là où ils le voudraient, pourvu
qu'ils conduisissent eux-mêmes sur des chevaux, des charret-
tes ou des barques, leur propre blé, et non celui des autres.
Ces arrangemens étaient encore en vigueur à Chauny au
commencement du 18e siècle.

Ces usines, dont l'établissement fut sans nul doute avantageux aux religieux de Notre-Dame, leur donnèrent l'idée
d'en créer d'autres dont ils n'attendaient pas de moins bons
résultats. Ils contruisirent à la même époque quatre nouveaux moulins, dont deux furent destinés à faire du tan et
de l'huile, et les deux autres à fabriquer du *papier* et des
draps.

Ce moulin à papier fut probablement le premier construit
dans nos contrées : c'est du moins le premier dont il soit
fait mention. Or, comme la fabrication du papier de chanvre
et de lin n'a commencé à s'établir en France qu'au 15e
siècle, on voit que, dans cette circonstance, notre pays

n'est pas, plus que dans tout autre, resté en arrière du
mouvement industriel. Soyons assez justes aussi pour constater que, s'il dut l'introduction de cette nouvelle industrie
à une communauté religieuse, il devait déjà à des corps
semblables, son agriculture, son commerce et ses arts.

Il ne paraît pas pourtant que celle du papier ait prospéré
à Chauny, tandis que la fabrication du drap y prit une certaine extension. La ville d'ailleurs favorisa cette dernière industrie de tout son pouvoir, car elle comprit tous les avantages que devait en retirer sa population. Elle prit à cet
effet des arrangemens avec l'abbaye de Notre-Dame en 1338 :
on décida alors que chaque habitant pourrait porter toute
sorte de draps à ce moulin, pour y être lavés, foulés et tra-
vaillés de la manière qu'il lui plairait, le tout sans payer
aucun droit de vinage, tonlieu ou autres.

Ces établissemens, si avantageux à Chauny, furent malheureusement suivis d'une terrible catastrophe. A cette
époque, les maisons de cette ville comme celles des autres
cités du pays, n'étaient encore construites qu'en bois, et
pour la plupart couvertes en chaume. En 1241, le feu prit
par suite d'une imprudence, et au bout de peu d'instans,
la ville presque toute entière devint la proie des flammes.
On avait pourtant sous la main de l'eau en abondance ;
mais comme on ne connaissait point alors l'emploi des machines propres à combattre les incendies, les populations,
impuissantes à maîtriser le feu sans leur secours, ne pouvaient guère que demeurer spectatrices de leurs ravages,
s'estimant fort heureuses encore si elles parvenaient à sauver
leurs meubles et leurs bestiaux.

# CHAPITRE II.

Contestations avec les officiers du roi et le clergé, relativement à l'exercice de la justice municipale. Nouvelles aliénations de la terre de Chauny. Invasion des Anglais. Pillage de cette ville. Les habitans construisent des fortifications solides. La terre de Chauny rentre au domaine. Elle est encore aliénée au duc d'Orléans, puis confisquée sur cette famille. Louis d'Orléans s'en empare de force. Fondation d'un collége et d'un hôtel-Dieu. Maladrerie. Chauny est pris par les Bourguignons, puis livré aux Anglais. Démolition du château. Epidémies. Les Impériaux ravagent Chauny. Etablissement à Chauny des frères croisés et des Cordelières. Cette ville est de nouveau saccagée par les Impériaux. Commencement de la réforme religieuse. Les protestans pénètrent dans Chauny. Démoniaque. Bailliage royal. — Maîtrise des eaux et forêts.

Des contestations s'élevèrent, peu d'années après, entre les Chaunois et les officiers royaux. L'établissement de la commune, nous l'avons vu, avait concédé aux premiers une juridiction municipale dont les attributions et l'étendue se trouvaient clairement expliquées dans la charte concessionnaire. Cela n'empêcha pas les officiers du roi d'empiéter insensiblement sur cette juridiction, et de lui enlever tout-à-fait la connaissance du *sang* et des *mêlées*. On appelait *mêlées*, les rixes qui s'élevaient dans la rue et auxquelles prenaient part plusieurs individus, qu'ils fussent ou non de la commune. Par *sang*, on entendait les blessures avec effusion de sang non suivies de mort d'homme qui étaient faites dans les mêmes lieux. La connaissance de ces affaires et leur répression avaient toujours appartenu au tribunal de l'échevinage ; mais les officiers royaux s'en étaient insensiblement emparés, et les gardaient malgré l'opposition des Chaunois. Ceux-ci portèrent leurs réclamations aux pieds du trône. Pendant de longues années, elles restèrent sans effet ; Enfin, Charles IV leur rendit justice en 1290. Il défendit à ses officiers de prendre désormais connaissance de ces affaires, et ordonna qu'à l'avenir, elle appartînt aux seuls magistrats municipaux.

L'exercice de la juridiction communale donna lieu de nouveau, peu après, à d'autres contestations, et cette fois encore, bien qu'ils eussent affaire à plus forte partie, les Chaunois obtinrent gain de cause. En 1319, le mayeur fit arrêter, dans un endroit de la ville dont l'official de Noyon réclamait la juridiction, un clerc qui s'était rendu coupable de quelque méfait. Le clergé réclama le coupable ; le magistrat municipal refusa de le livrer. Aussitôt il fut frappé d'excommunication. Le mayeur ne se laissa point intimider par la crainte des embarras sérieux qui pouvaient naître d'un conflit avec un corps aussi puissant ; il en appela à l'official de Reims, et il eut la satisfaction de voir le juge du métropolitain accueillir à la fois son appel, et lever les censures dont il avait été frappé.

Moins d'un demi-siècle après ces deux jugemens, qui comblaient les vœux des habitans de Chauny, les terre et seigneurie de leur ville furent de nouveau aliénées. Philippe VI les donna, en 1357, à Béatrix de Châtillon, dame de Saint-Pol, et veuve de Jean de Flandres, en échange de son douaire dans les châtellenies de Crèvecœur, Arleux, etc., et d'une rente de 400 livres.

Cet engagement, que les Chaunois ne virent pas avec plaisir, devint pour eux la source de nouveaux ennuis. La dame de Saint-Pol, méconnaissant les droits et priviléges des habitans, voulut tout aussitôt les traiter en sujets conquis. Elle ne se borna pas à leur contester la connaissance des cas particuliers de justice qui venait de leur être confirmée d'une manière si éclatante par le défunt roi; elle leur contesta même le droit d'arrêter et de punir les malfaiteurs, c'est-à-dire, qu'elle leur dénia l'exercice de toute justice. Elle mit le comble à ses mauvais procédés en envoyant, à Chauny, une troupe armée qui força les portes de la prison communale, et rendit à la liberté les malfaiteurs que des crimes de diverse nature y avaient fait enfermer.

Les Chaunois ne pouvaient souffrir de tels outrages. Ils portèrent leurs réclamations devant le Parlement de Paris, et un jugement solennel de ce célèbre corps, leur donna gain de cause en 1344. Mme de Saint-Pol se vit condamnée à réintégrer dans les prisons de Chauny, les malfaiteurs élargis par elle, et à payer au roi une amende de 400 livres.

Béatrix de Châtillon mourut peu de temps après, et l'aliénation de la terre de Chauny se continua, au grand déplaisir des habitans. Elle fut donnée, en 1355, par le roi Jean, à Humbert, dauphin du Viennois et patriarche d'Alexandrie, en déduction de 4,000 livres en terres, qui devaient lui être assignées dans le royaume, sa vie durant. Mais, dès la même année, le duc d'Orléans traita avec le patriarche, lui abandonna Meun, et en échange du comté de Beaumont-le-Roger et autres terres situées en Normandie, il obtint du roi, son frère, le comté de Beaumont-sur-Oise, avec les terres et seigneuries de Chauny, Condren, Faillouel, Pierrefonds, etc.

Les Chaunois eurent beaucoup à souffrir de l'invasion des Anglais en 1360, et ils virent leur ville pillée et dévastée par ces farouches insulaires. Les Français, qu'ils reçurent peu de temps après comme des libérateurs, ne les épargnèrent pas davantage, et achevèrent de ruiner leur malheureuse cité. Ils songèrent alors à entourer leur ville de fortifications plus respectables; mais pour cela il leur fallait une nouvelle autorisation du roi, et ils ne l'obtinrent qu'à prix d'argent, car le monarque était lui-même si pauvre, qu'il se trouvait dans la nécessité de faire argent de tout.

Les habitans de Chauny, aidés du duc d'Orléans, leur nouveau seigneur, se mirent à l'œuvre en 1367. On abattit la porte des Cordiers et celle de la basse-cour du château; on recreusa les fossés; et les terrasses qui, jusque-là, avaient servi de remparts, furent remplacées par des murs dont les pierres provenaient, tant de la démolition de ces deux portes, que du château ruiné de Condren. Cette dernière circonstance n'aurait-elle pas donné lieu à la tradition autrefois généralement répandue, que Chauny fut construit des débris de cette même ville de Condren?

Philippe d'Orléans vint à mourir sur ces entrefaites (1375). Les habitans qui supportaient avec peine d'avoir d'autre seigneur que le roi, saisirent cette occasion pour supplier Charles V, alors régnant, de réintégrer cette ville dans son domaine d'une manière irrévocable. Ce prince, surnommé *le Sage* à cause de sa prudence, eut égard à cette demande en 1378. Il déclara que la ville et le territoire de Chauny ne pourraient plus désormais être distraits du domaine de la couronne pour quelque cause que ce fût, partage, apanage, dot, provision, traité de paix ou échange.

Malgré une déclaration aussi formelle, la terre de Chauny fut peu de temps après, c'est-à-dire, en 1389, aliénée de nouveau en faveur de Blanche de France, veuve du duc d'Orléans, à cause de son douaire. Mais, à sa mort, arrivée en 1392, les Chaunois firent de nouvelles et plus vives instances pour que leur ville ne devînt plus l'apanage d'aucun seigneur particulier. Ils représentèrent au roi que, depuis sa distraction du domaine de la couronne, Chauny avait beaucoup perdu en importance et en revenus, et ils le conjurèrent de le remettre en sa main et pour toujours. Charles VI renouvela alors la déclaration de son prédécesseur, en ordonnant de nouveau que la seigneurie de Chauny ne fût plus distraite du domaine sous aucun prétexte. Vaines défenses, que ce prince fut le premier à enfreindre, car, dès 1403, il donnait cette terre à son propre frère, Louis, qui devint la tige de la seconde famille d'Orléans-Valois.

Ce prince chercha aussitôt à se concilier les Chaunois, et à leur faire oublier qu'il était devenu leur seigneur par suite d'une de ces aliénations qui leur déplaisaient si fort. Par le traité dit de *Behaine* (Bohême), à cause qu'il fut passé dans l'hôtel de ce nom, à Paris, Louis d'Orléans ne se contenta pas de les confirmer dans la connaissance du sang, des mêlées et autres délits commis de jour sur les bourgeois, il y ajouta encore la connaissance des cas de *hutine* (mutinerie). Il les maintint en outre dans celle des cas concernant les ordonnances de police et le gouvernement de la ville, dans le droit d'établir des gardes aux *Navoirs* et aux *Vimelois*, de connaître des amendes et prises faites par ses gardes, et de mettre des *messiers* pour la garde des autres héritages situés dans les banlieue et terroir de Chauny. Enfin, il les autorisa à établir, sur le vin, un octroi dont le produit fut destiné à couvrir les dépenses nécessaires pour entretenir les fortifications de la ville en bon état.

Après la mort de Louis d'Orléans, assassiné, comme on sait, en 1407, sa veuve, Valentine de Milan, jouit de la terre de Chauny jusqu'à la fin de sa vie, arrivée quatre ans plus tard. Charles VI publia alors une nouvelle déclaration, portant expresse réunion des terre et seigneurie de Chauny à la couronne ; mais, Charles d'Orléans, héritier de Louis d'Orléans et de Valentine de Milan, ses père et mère, n'en tint aucun compte, et résolut de rentrer par la force, en possession de ce qu'il considérait comme son patrimoine. Il entraîna l'évêque de Noyon dans son parti, rassembla des troupes, ravagea, à leur tête, le pays, bien innocent des résistances qu'éprouvaient ses prétentions, et investit Chauny dont il ne tarda pas à s'emparer. Mais l'évêque de Noyon avait été pris, conduit et enfermé au Crotoy, d'où il n'obtint de sortir qu'en payant une énorme rançon.

Après la mort de Charles d'Orléans, sa veuve, Marie de Clèves, jouit de la terre de Chauny à titre de douaire, et la passa à ses enfans. Bref, elle resta dans cette maison jusqu'au moment où l'un de ses membres monta les degrés du trône sous le nom de Louis XII (1498). Ce prince s'empressa aussitôt de publier une nouvelle déclaration, portant défense de jamais aliéner les terre et seigneurie de Chauny ; mais cette défense, plus longtemps observée cette fois que les précédentes, finit pourtant par être encore enfreinte, comme nous le verrons dans la suite.

Le 14e siècle est le temps où Chauny se vit doter d'un petit collége et d'un hôtel-Dieu. Le collége fut d'abord régi par deux ecclésiastiques, dont le premier prenait le titre de *recteur*. Ils avaient pour gages, l'un la desserte de l'hôtel-

5

Dieu, l'autre quelque bénéfice simple. Plus tard, la direction leur en fut retirée, parce qu'on s'aperçut que la nécessité de remplir les fonctions sacerdotales, leur faisait négliger les classes. On en confia alors l'administration à un laïc, qui prit le nom de *maître* ou *principal*. Ce petit établissement languit néanmoins fort longtemps ; il ne commença réellement à prospérer que dans les premières années du 18e siècle, alors que M. Destouilly, abbé de Notre-Dame-lès-Ardres, et natif de Chauny, y eut fondé, en 1715, deux bourses de la valeur de 200 livres chacune. Le fondateur ne mit d'autre condition à sa libéralité, que l'obligation aux boursiers d'aller achever leurs études dans l'un des colléges de l'université de Paris, aussitôt qu'ils seraient en état d'entrer en troisième, et cela, pour les mettre à même de parvenir à la licence en théologie, en droit, ou en médecine. Le collége de Chauny prospéra dès-lors assez rapidement pour qu'on pût y compter jusqu'à cinquante écoliers.

On ignore en quelle année l'hôtel-Dieu de Chauny fut établi, et par qui il fut fondé. On sait seulement qu'il existait déjà au milieu du 14e siècle, puisque Béatrix de Châtillon, dame de cette ville, lui fit un legs en 1352. Originairement connue sous les noms de *maison Dieu*, *hôpital* ou *hôtellerie*, cette maison fut d'abord gouvernée par des frères et des sœurs hospitaliers placés sous la règle de saint Augustin, et dont le supérieur portait le titre de *maître de l'hôpital*. Les bâtiments en ayant été ruinés par les Espagnols en 1650 et en 1653, on acheva alors de les raser pour construire l'hôtel de ville sur leur emplacement. Mais pour ne pas priver les pauvres et les malades de tout secours, on consacra à leur logement un petit bâtiment situé dans une autre rue, et dont la direction fut d'ailleurs abandonnée aux soins volontaires de quelques personnes charitables.

Il se trouva parmi elles une pauvre fille nommée Marie Dubuisson qui, touchée de l'état misérable dans lequel étaient plongés ces infortunés, depuis le jour où ils avaient été privés de leur maison et de leur biens, prit la généreuse résolution d'améliorer leur triste sort. Elle y consacra sa vie entière, sans que rien ait pu refroidir un seul instant son pieux zèle. Quand le soin des malades ne la réclamait pas, elle parcourait les rues en sollicitant pour eux la charité publique. On la vit même, dit-on, plus d'une fois ramasser les pierres et les bois abandonnés sur le chemin, et les rapporter sur son dos, les croyant propres à être employés dans la construction d'une maison plus vaste et plus commode.

Ce touchant dévouement produisit ses fruits. Le corps de ville fit enfin élever les bâtimens actuels de l'hôtel-Dieu, près du rempart. On construisit d'abord la salle des hommes et celle des femmes ; on bâtit ensuite la chapelle, et l'on fit venir des sœurs de Paris. A la fin du 18e siècle, cet établissement était dirigé par quatre filles de charité, sous l'inspection et l'autorité du maire et des échevins. Il renfermait alors seize lits pour les malades.

Il existait plus anciennement à Chauny, pour ces mêmes malades, une autre maison appelée *Maladrerie* ou *Léproserie*. On ne sait en quel temps ni par qui elle fut fondée ; mais comme son premier bienfaiteur connu est Renaud, châtelain de Coucy, il paraît très vraisemblable qu'il en est aussi le véritable fondateur.

Renaud de Coucy, seigneur de Sinceny, était le fils aîné de l'infortuné Raoul, châtelain de Coucy, dont nous avons ailleurs raconté la tragique histoire (1). Le don qu'il fit,

(1) Voyez notre *Histoire de Coucy*, p. 56.

en 1207, à la maladrerie de Chauny, du bosquet de *Fores-
telle*, ressemble fort à une fondation. N'est-il pas permis de
penser qu'il aura cru, par ce moyen, racheter l'âme de son
malheureux père, mort dans la Terre-Sainte, d'où les Croisés
rapportèrent la maladie de la lèpre? Les autres bienfaiteurs
connus de cet établissement sont Mathieu, comte de Beaumont et duc de Valois, et Eléonore, sa femme. Ils y établirent, en 1211, un chapelain avec une rente de 100 sous,
et trois muids de froment à prendre sur les moulins de
Chauny. Ces derniers attribuèrent en même temps aux malades, une rente de deux muids de froment sur les mêmes
moulins. Cette léproserie, dont on ne sait rien autre chose,
fut réunie à l'hôtel-Dieu en 1696.

D'anciens titres nous apprennent qu'au commencement
du 15e siècle, on voyait déjà, à Chauny, des filles de joie.
Un acte de 1404 constate que le mayeur et les jurés, voulant arrêter les dégâts occasionnés chaque jour dans les
champs par les *fillettes* et *folles femmes* qui se trouvaient
sans domicile; considérant en outre que leur vagabondage,
en les soustrayant à la surveillance de la police, leur avait
permis de *gaster plusieurs josnes* (jeunes) *compaignons à
marier* de ladite ville de Chauny, jugèrent à propos d'acheter
une maison dans la rue *Ganton* pour les y renfermer, et
les empêcher de vaguer davantage par les champs.

Le 15e siècle fut, pour Chauny, une époque de malheurs
incessans. On a vu plus haut comment Charles d'Orléans,
considérant cette ville comme son héritage, s'en était em-
parée de vive force en 1411. Il la garnit, ainsi que celle
de Coucy, de troupes nombreuses commandées par des capitaines audacieux qui, dès-lors, firent chaque jour à leur
tête, des courses sur les domaines du duc de Bourgogne.
Ces expéditions terminées, ils venaient se réfugier dans ces

deux villes, traînant à leur suite les hommes et le bétail qu'ils avaient capturés, le butin de toute espèce qu'ils avaient fait dans ces courses aventureuses.

Le duc de Bourgogne résolut enfin de mettre un terme à un état de choses qui lui était si préjudiciable. Il assembla les communes de Flandres au nombre de 40 à 50,000 hommes, appela à son aide le duc de Brabant, son frère, et accueillit les secours de 500 Anglais, sous la conduite d'un vaillant capitaine nommé Guillaume Baldoc, ce qui porta le nombre des combattans sous ses ordres, à plus de 60,000 hommes.

Cette armée, formidable pour l'époque, s'ébranla le 1er septembre 1411, et se porta de Douai, lieu de son rassemblement, sur Ham. Le pays par où elle passa fut entièrement ravagé, car les Flamands traînaient à leur suite d'innombrables chariots attelés de six chevaux, sur lesquels ils entassaient tout ce qu'ils pouvaient dérober dans les lieux traversés par eux. C'était un véritable pillage organisé; c'était la manière de faire la guerre du temps.

La garnison de Ham était commandée par Clugnet de Brabant, homme énergique et ferme qui, à l'approche de l'armée bourguignonne, fit une sortie et attaqua courageusement son avant-garde. Mais son infériorité numérique l'obligea de chercher un refuge derrière les remparts de la ville. Il ne s'en défendit pas moins pendant plusieurs jours avec beaucoup de vigueur. Toutefois, à la suite d'un violent assaut, voyant l'impossibilité de tenir plus longtemps, il sortit secrètement de cette ville pendant la nuit, et se retira à Chauny, suivi des principaux habitans. Après avoir ruiné et incendié Ham, le duc de Bourgogne se mit en route pour se porter sur Chauny. Les Orléanais ne l'y attendirent pas : ils s'éloignèrent au plus vite, abandonnant les habitans à leurs seules ressources. Ceux-ci se voyant sans secours et dans l'impuissance de résister, craignant d'ailleurs pour leur cité le sort funeste de celle de Ham, s'empressèrent d'envoyer offrir les clefs de leur ville au duc de Bourgogne, et l'assurer de leur soumission. Ce seigneur les reçut, exigea d'eux le serment de fidélité, et dans la crainte que les Orléanistes ne se logeassent de nouveau dans leur ville, il en fit abattre les fortifications naguères élevées par eux avec tant de peines et de dépenses.

Cependant, en 1412, une sorte de réconciliation fut ménagée entre les ducs de Bourgogne et d'Orléans, et après le traité de paix conclu à Bourges, le roi rendit ses bonnes grâces à ce dernier. Il lui restitua en même temps tous ses domaines confisqués l'année précédente, et notamment la ville de Chauny. Mais ce seigneur ne la garda pas longtemps.

La paix de Bourges eut pour résultat de rétablir l'influence du duc d'Orléans, adversaire implacable du duc de Bourgogne, et par conséquent de détruire peu à peu celle de ce dernier. Jean-sans-Peur ne put se décider à voir son ennemi gouverner la France sous le nom du faible Charles VI. Il résolut donc de ressaisir de vive force le pouvoir qui lui échappait, et, en 1418, il rassembla une armée nombreuse à la tête de laquelle il s'avança sur Paris. Son dessein était de s'emparer du roi, d'exercer le pouvoir en son nom, et de ruiner l'influence de ses adversaires. Il réussit à délivrer la reine exilée à Tours par le Dauphin, et se fit déléguer par elle l'administration du royaume. Aussitôt, des ordres furent expédiés aux villes qui ne l'avaient point encore reconnu, pour qu'elles eussent à jurer obéissance au roi et à lui-même, et à chasser les garnisons qu'y avaient placées le Dauphin. Soissons et Laon se hâtèrent d'embrasser son parti ; Noyon fut livré à ses partisans par le seigneur de Genlis, son gouverneur.

Jean, seigneur de Roye, commandait alors dans Chauny au nom du roi et du duc d'Orléans. Gagné sans doute par l'or des Anglais, que les Bourguignons avaient imprudemment appelés à leur aide, c'est à eux qu'il livra cette ville. Ces étrangers aussitôt maîtres de la place, oublièrent qu'ils devaient travailler, non pour eux, mais pour Jean-sans-Peur, et ils résolurent de la garder pour leur propre compte. Ils commencèrent par en relever les fortifications abattues, y ajoutèrent de nouveaux travaux de défense, et la mirent à l'abri d'un coup de main. Ces précautions leur permirent de se maintenir à Chauny jusqu'en 1430, époque où cette place retourna sous l'obéissance du roi, en même temps et de la même manière sans doute que les autres villes de la contrée.

Peu d'années après leur entrée à Chauny, les Anglais y avaient placé un nouveau gouverneur. C'était encore, bien entendu, une de leurs créatures : il leur était si dévoué qu'ils lui avaient en même temps conféré l'importante charge de grand bailli du Vermandois. Ce nouveau gouverneur se nommait Colard de Mailly.

Après les succès de Charles VII, et notamment quand la ville de Laon fut rentrée sous l'obéissance de ce prince, ce seigneur se vit frappé de destitution et remplacé dans la charge de grand bailli du Vermandois par un enfant du pays, par Lahire, célèbre capitaine de cette époque, dont le nom est encore aujourd'hui populaire, et dont les grands services et l'inébranlable attachement à son prince, méritaient bien cette récompense. Colard de Mailly vint à Chauny, suivi de Ferry, son frère, et se retira dans le château, attendant peut-être une occasion de ressaisir les places et les honneurs qu'il venait de perdre.

C'est du moins ce que pensèrent les habitans de cette ville, car craignant qu'une nouvelle trahison ne les livrât une seconde fois aux Anglais, ils résolurent de détruire le château dans lequel le gouverneur faisait sa résidence, et dont la situation au milieu de leur ville les plaçait sous sa sujétion.

Jean de Longueval qui s'était distingué dans la guerre contre les Anglais, et que ses concitoyens avaient investi cette même année pour la quatrième fois des honorables fonctions de mayeur; Pierre Piat, appartenant à une ancienne famille du pays, et qui avait lui-même trois fois rempli la même charge, étaient à la tête de la conjuration.

Les habitans et eux s'engagèrent réciproquement, sous la foi du serment, à poursuivre l'exécution du projet de s'emparer du château et de le démolir, et voici comment ils s'y prirent pour faire réussir leur dessein. Plusieurs de ces aventuriers dont la France était alors remplie, furent engagés par des promesses d'argent, et secrètement apostés près de la porte du château donnant dans la ville. Le gouverneur et son frère avaient coutume de sortir chaque jour pour s'aller promener et se livrer au plaisir du jeu de paume, alors très aimé des grands seigneurs. On connaissait cette habitude de Colard et de Ferry de Mailly, et l'on résolut d'en profiter pour faire le coup. Un jour donc, comme ils avaient à peine mis le pied hors du château suivis de la totalité de leurs gens, et abandonnant cette forteresse à la garde d'un seul concierge, ceux qui guettaient leur sortie s'avancèrent sur le pont-levis baissé pour le passage du gouverneur, et s'étant jetés sur le concierge sans méfiance, relevèrent malgré lui ce même pont-levis, afin d'empêcher

Colard de Mailly et ses gens de rentrer. Cette action était le signal convenu avec les habitans. La cloche du beffroi communal fut aussitôt mise en branle, appelant aux armes la population entière ; la foule s'avança vers la porte du château qui lui fut ouverte par ceux du dedans, et l'œuvre de destruction commença.

Colard de Mailly et son frère furent bien vite informés de ce qui se passait. Leur colère fut grande de voir l'audace du populaire poussée à ce point de consommer sous leurs yeux le sac de leur habitation, et ils en auraient à l'instant même tiré une vengeance éclatante, s'ils s'étaient trouvés en position de le pouvoir faire ; mais en regardant autour d'eux, ils ne virent que quelques serviteurs effrayés, et ils comprirent qu'il leur fallait courber la tête. Bientôt même, ils se prirent à trembler pour leur propre vie, car l'insolence de la populace, surexcitée par le succès, devint extrême et le danger imminent. Il n'y avait donc plus à hésiter : s'ils ne pouvaient sauver leurs jours, ils devaient au moins les faire acheter chèrement à leurs ennemis. Ils se jetèrent dans une maison voisine, bien résolus à s'y défendre jusqu'à la dernière extrémité. Ces précautions étaient inutiles : on n'en voulait point à leurs personnes. Les principaux habitans de la ville vinrent les trouver pour leur expliquer la cause et le but de cette émotion populaire, et les assurer qu'on ne nourrissait contre eux aucune mauvaise intention.

Pendant ces pourparlers, la démolition du château se continuait. Hommes, femmes, enfans, tous s'y employaient avec une telle activité, qu'au bout de peu de jours il ne présenta plus qu'un monceau de ruines méconnaissables. L'ardeur des Chaunois à renverser cette forteresse n'était pas faite pour rassurer Colard de Mailly et son frère sur

leur propre sort, malgré les assurances qu'on leur en avait
données ; aussi saisirent-ils la première occasion de sortir
de la ville et de s'éloigner. Jean de Luxembourg ne perdit
pas pour cela tout espoir de recouvrer Chauny. Ne pouvant
en ce moment l'attaquer à force ouverte, il voulut du moins
y avoir comme gouverneur un homme dévoué, et il y envoya Hector de Flavy, puis, Valeran de Moreuil (1); « mais,
dit Monstrelet, ces seigneurs pour l'enstreprinse dessus dicte,
trouvèrent les Chaulnois plus rigoureux et désobéyssans qu'ils
n'avaient accoustumez devant (avant) la désolation dudit
chastel. » Quant au roi, il ne fit ni rechercher, ni punir
les auteurs de cet acte de justice populaire, tout irrégulier
qu'il fût, lui trouvant sans doute une légitime excuse dans
les motifs qui l'avaient inspiré.

Le temps des guerres civiles fut toujours aussi celui des
maladies épidémiques, comme si le ciel voulait punir à la
fois, et les hommes qui fomentent ou prennent part à ces
luttes fratricides, et ceux qui, par une coupable indiffé-
rence, ne font aucun effort pour arracher le pays à l'ambition et à la fureur des partis, toujours déguisés sous le
masque du bien public. Les 15e et 16e siècles en présen-
tent un exemple frappant, car ils furent à la fois une époque
de luttes et de guerres intestines, **comme** une suite non

---

(1) Les gouverneurs avaient depuis longtemps succédé aux anciens
châtelains de Chauny. Cette ville eut en effet de très bonne heure des
châtelains ou gardiens de son château. Dès l'an 1067, on voit un nommé
Wascelin porter ce titre, qui fut plus tard longtemps possédé par les seigneurs de Viry. Il passa au 15e siècle dans la maison d'Ouches, puis dans
différentes mains jusqu'à la fin du 16e siècle, époque où il échut à
Guillaume Lotin, président aux enquêtes du parlement, par suite de son
mariage avec Madeleine Morin, fille unique de Guillaume Morin, seigneur
de Condren, châtelain de Chauny.

interrompue de calamités publiques et de meurtrières épi-
démies. Le souvenir des ravages exercés en 1457 par la
peste à Chauny, Coucy, La Fère et aux environs, nous a
été conservé par l'histoire. On y voit que la malheureuse
population de ces villes, déjà épuisée et ruinée par la guerre
civile, fut encore, cette année, décimée par ce terrible
fléau.

A peine les habitans de Chauny commençaient-ils à se
remettre de tous ces malheurs, qu'un nouvel orage vint
fondre sur eux. On connaît les démêlés qui s'élevèrent
entre le roi Louis XI et le duc de Bourgogne. Ce dernier,
furieux des pertes que les armes du roi lui avaient fait
subir, fondit en 1471 sur le Noyonnais, s'empara de plusieurs places et les saccagea. Malgré ses fortifications,
Chauny ne put davantage résister aux troupes de ce prince et
se vit obligé de leur ouvrir ses portes. La soldatesque aussi
exaspérée que son chef de la résistance qu'on lui avait op-
posée, mit la ville à feu et à sang.

Les querelles de Louis XI avec Maximilien d'Autriche,
relativement au Hainaut dont le roi de France voulait s'emparer sur ce dernier, auquel il avait été apporté en dot par
l'héritière de Bourgogne, devinrent la cause de nouveaux
malheurs pour Chauny. Les Français, en 1480, firent des
courses dans cette province, brûlèrent Maubeuge, Condé
et Solesme. Cette hardie expédition devait attirer des re-
présailles et en attira en effet. L'archiduc Maximilien, animé
par la vengeance, fit à son tour une pointe sur les frontières de France, à la tête de ses troupes, brûla Origny,
Ribemont, avec tous les villages voisins, et s'avança jusqu'à
Chauny qui se vit de nouvau saccagé et ruiné.

Ce désastre fut suivi d'un froid excessif. Il se fit sentir
sans interruption à Chauny, comme dans le reste de la con-

trée, depuis Noël jusqu'au 8 février suivant. De fortes cha-
leurs avaient signalé l'été précédent, et de longues sécheresses
avaient nui à l'abondance des moissons. Il s'en suivit une
disette qui ajouta encore à la misère des populations; de
sorte que les fléaux du ciel semblaient conjurés avec les
malheurs de la guerre pour consommer leur ruine.

Une petite communauté religieuse s'établit cependant à
Chauny quelques années après. Mais avant de venir définitivement se fixer en cette ville, elle avait dû subir plusieurs
vicissitudes. Fondée à Faillouel en 1182, par Jean, seigneur
du lieu, pour quelques frères Croisés, en mémoire sans
doute d'un voyage accompli par lui dans la Terre-Sainte,
ce couvent avait été transféré, environ cent ans après, à
Condren, par Agnès de Faillouel, arrière-petite-fille du fondateur. Ce fut Louis d'Orléans qui songea à retirer les religieux Croisés de Condren pour les mettre à Chauny, où sa
mère, Marie de Clèves, désireuse de finir ses jours dans
cette ville, avait fait construire pour eux une église et des
bâtimens d'habitation près de la porte du Pissot. Tel fut le
motif de cette translation, qui s'exécuta vers 1486. Cette
petite communauté se composait alors d'un prieur et de
quatre frères de l'ordre des clercs réguliers de Sainte-Croix.

Bien que placés sous la protection du duc et de la duchesse d'Orléans, leur établissement à Chauny ne se fit pas
sans difficulté. Le curé du lieu craignant de se voir enlever,
par ces nouveaux venus, une partie des offrandes et des
oblations des fidèles, leur suscita mille obstacles. Cela les
mit dans la nécessité de composer avec lui. Ils s'engagèrent
à lui payer chaque année une rente de 20 sous, à présenter
tous les ans, le jour de la Chandeleur avant la messe, au
prieur de Notre-Dame, un cierge de cire blanche pesant
une livre, et à assister aux processions générales. Moyen-

nant ces concessions, ils furent autorisés à se fixer à Chauny,
à avoir des troncs dans leur église et à recevoir les offrandes
des fidèles. En 1772, ces religieux étaient encore au nombre
de cinq, et possédaient 2,500 livres de revenus.

L'établissement d'une autre maison religieuse suivit de
près celui des frères Croisés. C'était une petite communauté
de sœurs placées sous la règle de Saint-François dont elles
portaient l'habit, ce qui les fit d'abord appeler *sœurs grises*.
Comme leur institution présentait un but d'utilité publique,
puisqu'elles étaient vouées à l'enseignement des jeunes filles
pauvres, elles furent reçues avec plaisir par la population
entière. Elles n'en eurent pas moins à supporter les tracas-
series du prieur, qui ne voyait pas leur arrivée à Chauny·
d'un meilleur œil que celle des frères Croisés. Elles en obtinrent néanmoins des conditions plus raisonnables, ayant
été seulement astreintes à lui présenter chaque année, à la
Chandeleur, un cierge de cire blanche.

Les commencemens de cette communauté furent des plus
pénibles, car ces pauvres filles n'eurent d'abord pour toute
ressource que la charité publique. Elles parvinrent pourtant à surmonter cette gêne, et vingt-cinq ans après leur
arrivée à Chauny, c'est-à-dire, en 1525, elles se trouvèrent assez riches pour pouvoir construire une petite église
et des lieux réguliers. Malheureusement pour les Cordelières,
leur maison étant bâtie sur les anciens remparts de la ville,
les fortifications qui furent établies autour de Chauny en
1558, en nécessitèrent la démolition. Celle qu'elles allèrent
ensuite habiter, fut encore deux fois détruite durant les
guerres dont nous présenterons plus loin le récit, et les dégâts qu'y commirent les calvinistes en 1569, la rendirent
tellement inhabitable, que la petite communauté fut forcée
de se disperser.

Les Cordelières ne revinrent à Chauny qu'en 1578. A la place de leur maison, elles ne trouvèrent que des ruines. Cela les détermina à quitter le *Brouage*, où s'élevait autrefois cette maison, pour s'établir dans l'intérieur de la ville. Grâce aux libéralités d'un citoyen de Chauny, de M. Joram Vrevins (1), lieutenant général au bailliage de cette ville, elles purent acheter dans la rue des Juifs une maison nommée le *Griffon*, et sur son emplacement, elles jetèrent les fondemens de leur nouveau couvent. L'église et les bâtimens en furent achevés en 1581. Bientôt elles se trouvèrent assez d'aisance pour pouvoir abandonner la besace. Enfin, en 1652, elles firent vœu de clôture, et deux ans après, elles embrassèrent la seconde règle des Urbanistes dites de Sainte-Claire, d'où leur maison prit dès-lors le nom de *couvent de Sainte-Claire*.

Les malheurs essuyés par les Cordelières font assez pressentir ceux que la ville de Chauny eut à supporter vers le milieu du 16e siècle. Depuis plusieurs années, la guerre était allumée entre la France et l'Autriche. Le Vermandois et la Thiérache, plusieurs fois parcourus par les armées belligérantes, avaient été autant de fois saccagés et ruinés par elles; mais les localités situées en-deçà de la Serre, restées en dehors des hostilités, avaient pu jusqu'alors échapper à tous ces malheurs. Une audacieuse expédition leur en fit sentir tout le poids en 1552. Le comte de Rœux, à la tête de quarante compagnies d'infanterie et de deux mille chevaux, envahit la Thiérache, brûla Vervins, Marle, Origny-Sainte-Benoîte, tenta sur La Fère un coup de main qui

(1) M. Joram Vrevins fit le plus noble usage de sa fortune : il en distribua les trois quarts tant à la ville de Chauny, qu'à ses maisons religieuses et à son Hôtel-Dieu.

échoua, et s'empara sans résistance de Chauny qu'il livra au pillage et aux flammes.

Cinq ans après, ce fut le tour des Espagnols. Le 10 août 1557, la funeste issue de la bataille de Saint-Quentin leur ayant ouvert les portes du royaume, ils s'avancèrent du côté de Chauny et s'y établirent. L'approche d'une armée française leur fit abandonner cette ville le 11 novembre suivant; mais avant de se retirer, ils y mirent le feu.

Les Chaunois avaient à peine réparé les ruines de ce double désastre qu'ils se virent encore frappés de nouveaux malheurs. Cette fois, les auteurs n'en furent plus des étrangers, des ennemis, mais des compatriotes égarés par les prédications fanatiques de novateurs religieux.

La ville de Noyon, voisine de Chauny, avait vu naître en 1509, un homme qui fut le principal apôtre de ces nouvelles doctrines. Jean Chauvin, plus connu sous le nom de Cauvin ou Calvin, prononciation picarde de Chauvin, était fils d'un tonnelier de Pont-l'Evêque. Entré très jeune dans les ordres, il fut pourvu d'une chapelle dès l'âge de douze ans, devint ensuite curé de Marteville, et puis de Pont-l'Evêque. Calvin, avide de nouveautés et animé du désir de devenir l'apôtre d'une école nouvelle, résigna ses bénéfices et quitta sa patrie pour se retirer à Bale, puis à Genève, où il publia divers écrits dans lesquels il exposait et prêchait la réforme religieuse.

Ces nouvelles doctrines furent néanmoins longtemps à pénétrer dans le pays, et ses premiers prédicateurs ne s'y montrèrent guère avant le milieu du 16e siècle; mais à cette époque, elles commencèrent à s'étendre avec une certaine rapidité, grâce à la guerre étrangère, à la faiblesse et aux embarras du gouvernement. On vit alors une foule de mécontens et d'ambitieux s'en emparer comme d'un moyen propre à rétablir leurs affaires délabrées, ou à parvenir aux places et aux honneurs. La guerre civile éclata, et ensanglanta le pays. La révolte étouffée à grand peine sur un point, renaissait aussitôt sur un autre. Au mois de septembre 1567, le prince de Condé, avec les seigneurs de Genlis (1) et de Quincy, assembla secrètement des troupes, s'avança la nuit sur la ville de Soissons, s'en empara et la livra au pillage. Les richesses accumulées dans les églises furent naturellement la proie de ces pillards, qui couvraient leurs excès du manteau de la réforme religieuse. Ils dépouillèrent et ruinèrent ensuite les abbayes de Prémontré, Valsery, Longpont et la chartreuse de Bourg-Fontaine; puis, revenant sur leurs pas, ils pillèrent Saint-Nicolas-aux-Bois et se présentèrent devant Chauny qui, défendu par une trop faible garnison, dut leur ouvrir ses portes. Là, comme partout ailleurs, les églises furent saccagées, dépouillées de leurs richesses, et les reliques offertes depuis des siècles à la vénération des fidèles, jetées dans les flammes après avoir été profanées par les novateurs.

Parmi les reliques conservées dans l'église Notre-Dame de Chauny, la plus considérable et la plus vénérée était le corps entier de saint Momble. Ce saint, originaire d'Angleterre et l'un des compagnons de saint Fursi, passa en France avec lui, vers le milieu du 7° siècle, en compagnie de saint Gobain, saint Boétian, saint Algis et autres. Ces derniers se dispersèrent dans le diocèse de Laon et aux environs; saint Momble établit d'abord sa retraite dans une solitude auprès de Condren, puis se retira à Condren même. Il avait obtenu

---

(1) On prétend que Calvin avait été élevé dans le château de Genlis. Cette circonstance aiderait à expliquer pourquoi les seigneurs de Genlis furent des premiers à embrasser son parti.

de saint Eloi, évêque de Noyon, la permission de prêcher dans son diocèse, et le zèle qu'il mit à remplir sa divine mission, avait gagné à la religion chrétienne les populations sauvages et barbares de ces contrées. Après sa mort, il fut enterré à Condren ; mais les guerres ayant causé la ruine de cette antique cité, ses précieux restes furent transférés à Chauny. Ils y reposaient donc depuis près de sept cents ans entourés de la vénération des peuples, quand éclatèrent les troubles religieux du 16e siècle. Ils furent alors dispersés de telle manière, qu'on ne put plus retrouver que le chef de saint Momble.

L'armée huguenote hiverna à Chauny et dans les environs. Cela favorisa les conversions que l'exemple de François de Hangest, seigneur de Genlis, encourageait. Aussi, les calvinistes devinrent-ils bientôt assez nombreux en cette ville, pour qu'on fût obligé de leur accorder un cimetière particulier.

Ce serait une grande erreur de croire que ces novateurs qui combattaient, disaient-ils, pour la tolérance comme pour la réforme religieuse, s'appliquassent toujours à pratiquer cette tolérance invoquée par eux. Loin de là, l'inflexible histoire doit constater qu'ils se montrèrent souvent plus passionnés, plus intolérans que leurs adversaires.

On sait que la guerre religieuse du 16e siècle fit surgir de tous côtés des démoniaques, c'est-à-dire, des hommes, mais particulièrement des femmes, sujets à des crises nerveuses redoutables, occasionées, disait-on, par des obsessions diaboliques. Les prières de l'église catholique calmaient seules les maux de ces infortunés, et le sacrement de l'Eucharistie, contre lequel les réformés déclamaient avec une grande violence, produisait parmi eux des guérisons miraculeuses. Chauny eut aussi son démoniaque. Là, comme

7

partout, les protestans crièrent à l'imposture, et l'un de leurs ministres nommé Maméïac entreprit sa guérison. Il ne put, il ne devait pouvoir le guérir. Furieux de cet échec qui contrastait si péniblement avec les succès journellement obtenus ailleurs par les prêtres catholiques, dit le père Labbé de Blois qui rapporte ce fait, il fit coudre le malheureux possédé dans un sac rempli de pierres, et on le jeta sous ses yeux dans le plus profond de la rivière d'Oise (1).

Quelques années avant ces événemens, Chauny avait été doté d'un bailliage royal, dont les officiers se composaient d'un lieutenant général, d'un avocat et d'un procureur du roi. Le ressort de cette juridiction s'étendait sur 165 bourgs, villages ou lieux voisins, et ses appellations ressortissaient en partie à Laon, comme siége principal du grand bailliage du Vermandois.

C'était le troisième changement que la forme de rendre

---

(1) Dom Labbé de Blois dont nous parlons ici, est auteur d'une histoire de Chauny restée manuscrite. Cet ouvrage, auquel nous avons emprunté d'utiles renseignemens, forme un gros volume in-folio, et porte pour titre : *Histoire de Chauny en Picardie, divisée en trois livres, par le père Labbé de Blois, ancien prieur de Saint-Martin de cette ville.*

Ce manuscrit est aujourd'hui dans les mains de MM. Fouquet frères, propriétaires à Chauny, qui nous l'ont communiqué avec une bonne grâce et un empressement dont nous nous plaisons à leur témoigner ici notre reconnaissance. Cette bienveillante obligeance fut toujours l'apanage des hommes qui, comme MM. Fouquet, cherchent à se rendre utiles à leur pays, en recueillant tous les documens intéressans pour son histoire, ou en arrachant à l'oubli et à la destruction, avec un zèle digne des plus grands éloges, les titres, les chartes, les manuscrits, les objets d'art, en un mot, tout ce qui peut avoir du prix aux yeux des hommes instruits.

la justice éprouvait à Chauny. Du temps où cette ville faisait partie du comté de Vermandois, on y voyait deux sortes de justices : celle du roi, exercée par un prévôt royal, comprenait tous les droits de ressort et de souveraineté : celle des comtes, qui était seigneuriale. Aussi, la charte de 1167 n'attribuait-elle à ces derniers que la connaissance de certaines affaires.

La juridiction de cès tribunaux était alors, dit-on, beaucoup plus étendue : elle comprenait la ville de Noyon et les villages environnans. Mais l'évêque de cette ville, voulant se soustraire à cette juridiction étrangère, parvint, on ne sait pas au juste à quelle époque, à faire établir un siége de justice à Noyon même, dont le ressort, composé de plusieurs villes, bourgs ou villages voisins, fut distrait de celui de Chauny.

La charte communale de 1215 en accordant une juridiction particulière au corps de ville, modifia assez profondément la première manière de rendre la justice à Chauny. Cette nouvelle juridiction était exercée, comme nous l'avons déjà dit, par le mayeur assisté des échevins. Elle comprenait la justice contentieuse civile et criminelle en première instance sur tous les habitans, excepté les nobles et les ecclésiastiques ; plus, une justice subalterne sur les vassaux ou censitaires du domaine de cette ville.

Il y eut aussi de bonne heure à Chauny une maîtrise des eaux et forêts qui était régie par la coutume générale du Vermandois. Elle s'exerçait sur trois sortes de bois: les bois du roi, nommés les *Francs-Bois*, s'étendaient aux environs de Frières-Faillouel et de Vouel, et contenaient au 18e siècle 648 arpens, mesure de roi. Les *Bois de Gruerie* étaient ceux sur la vente desquels le roi percevait le quatrième ou le cinquième denier pour livre. Ces derniers avaient été achetés.

en majeure partie par la couronne, et contenaient à la même époque, 1690 arpens. Les bois *neutres* étaient ceux des communes, des maisons religieuses ou des particuliers.

La maîtrise de Chauny supprimée en 1669 pour être unie à celle de Coucy, fut alors remplacée par une simple gruerie. Cette suppression dura peu.

# CHAPITRE III.

Anciéns usages : cérémonie des jongleurs ; coutumes relatives aux vieux garçons et aux vieilles filles ; le jeudi *jaudiau* ; la *fête des Brandons* ; la *fête du Verd* ; usage du gui ; coutume pratiquée aux funérailles ; le *Gardien de la Mariée*. Usages religieux : confréries du Saint-Sacrement, de la Passion , de Saint-Martin et autres. Eglise Saint-Martin ; sa description. Nouvelles aliénations de la terre de Chauny. Droits seigneuriaux au 18e siècle. Epidémie. La Ligue. La garnison de Soissons tente de surprendre Chauny. Le port de cette ville. Le vacher *Tout-le-Monde*. Compagnies d'arquebusiers et d'arbalétriers.

Il se pratiquait alors en cette ville, et cela dura long-temps encore après, une coutume bizarre dont l'origine n'est pas connue, mais qui paraît remonter à une époque de beaucoup antérieure. Un certain nombre d'habitans de Chauny étaient autrefois dans l'usage de quitter leurs foyers pendant la belle saison, pour aller chercher fortune dans d'autres lieux. Le métier qu'ils pratiquaient était celui qu'exercent aujourd'hui les savoyards : ils conduisaient en laisse des singes et des chiens savans, et les faisaient danser sous les yeux du public, afin d'en obtenir quelques pièces de monnaie. Mais l'exercice de cette profession était assujéti à de certaines formalités dont nous allons faire connaître les curieux détails.

Le premier d'octobre, jour de saint Remi et fête patronale de Chauny, tous ceux d'entre les Chaunois qui faisaient le métier de montreurs de singes, étaient tenus de se rendre dans cette ville, quel que fut le point de la France où ils se trouvaient. Dès le matin, ils se réunissaient à la porte de la Chaussée pour aller faire en corps, au lieutenant général au bailliage, une visite et un cadeau, moyennant lesquels ils devaient être autorisés à continuer leur industrie. Ce présent se composait d'un pâté d'une structure singulière; il était garni de marrons et de jaunes d'œufs, et surmonté d'uue sorte de pâtisseries nommées *Coqueluches* et d'un couvercle. Les frais occasionés par cette cérémonie n'étaient point à leur charge : ils percevaient pour cet objet cinq setiers de blé sur les moulins de la ville, et un museau de bœuf sur les bouchers.

La nature de cette redevance indique assez que l'origine de cette cérémonie, qu'on peut considérer comme une sorte d'hommage, était toute féodale. Il est vraisemblable qu'établie par les comtes de Vermandois, elle fut d'abord faite en leur présence. Plus tard, après la réunion de cette province au domaine royal, elle se fit devant le prévot royal, puis devant le lieutenant général, comme représentans du roi.

Quoi qu'il en soit, les Chaunois, une fois rassemblés, se plaçaient entre eux dans un certain ordre, ayant à leur tête le porteur du pâté. Un chien bien dressé à toutes sortes d'exercices, les précédait. Des trompettes marchaient en avant et jouaient des fanfares. Elles sonnaient surtout au moment où le cortége passait devant les moulins et devant les bouchers de la ville. C'était là le remerciement qu'on

leur donnait en échange de la redevance payée par eux pour
faire les frais de la cérémonie. Une nouvelle fanfare annonçait l'arrivée du cortége devant la demeure du lieutenant
général au bailliage, et les jongleurs (ainsi nommait-on ceux
qui composaient le cortége, sans que l'on donnât alors une
signification humiliante à cette expression) étaient admis
devant lui. En ce moment commençait une scène des plus
étranges.

Le lieutenant général les attendait dans sa cour, assis
dans un large fauteuil, entouré de ses officiers et de nombreux spectateurs. Une foule immense accourue de la ville
et des environs, se pressait dans la rue devant la porte,
qu'on avait soin de tenir toute grande ouverte, afin de lui
permettre de voir aussi le spectacle. Le chien savant dont
nous avons parlé, ouvrait la scène. Il exécutait mille tours
d'adresse qui provoquaient la gaieté et les applaudissemens
de la foule. Son rôle ne finissait que quand l'épuisement
l'obligeait à s'arrêter. Alors, le porteur du pâté s'avançait
à son tour, plaçait son présent entre les mains du lieutenant
au bailliage, qui le passait à l'un de ses serviteurs, puis se
mettait à danser, imitant autant que possible, les gambades
et les tours du chien savant. Dans ces exercices, il excitait
aussi plus ou moins, selon son habileté, les applaudissemens
bruyans du public; mais au moment où il s'arrêtait, les
rires et les cris s'arrêtaient également, et un silence solennel
se faisait, car il allait remplir la dernière partie de son rôle,
partie ingrate et difficile, que le moindre bruit aurait trou-
blée. Il s'avançait donc gravement vers le lieutenant général:
arrivé à deux pas de lui, il devait s'arrêter et faire distinc-
tement entendre un certain bruit, aujourd'hui considéré
comme incivil, mais qu'alors et dans cette circonstance on

regardait, peut-être, comme une marque de déférence et
de politesse.

Chaque âge a ses plaisirs, son esprit et ses mœurs.

Quoi qu'il en soit, si la nature rebelle se refusait à la
bonne volonté de l'acteur, il était non-seulement privé du
droit de continuer son industrie, mais encore mis à une
amende. Après lui, tous les hommes composant le cortége
venaient à tour de rôle donner un plat de leur métier, ce
qui leur valait, quand ils s'en acquittaient à la satisfaction
générale, la permission d'exercer comme auparavant. L'histoire ne nous dit pas si leur rôle devait se terminer comme
celui du porteur de pâté (1)

Cet usage ne tomba que lentement en désuétude. Il existait encore en 1678; mais il cessa l'année suivante par suite
du manque de jongleurs, et une sentence du bailliage,
que nous avons vue, adjugea aux pauvres de la ville la redevance qui leur avait été payée jusqu'alors par les bouchers
et les meuniers.

Cet usage et ceux que nous avons déjà précédemment
rapportés, n'étaient pas les seuls pratiqués à Chauny. Cette
cité était autrefois, on peut le dire, la ville aux coutumes
singulières. Les anciens écrivains ont trop négligé de nous
instruire de ces détails de mœurs. C'est une erreur à eux de
les avoir regardés comme indignes de l'histoire, car rien
n'est assurément plus propre à nous initier à l'étude de la
marche de la civilisation. Nous avons donc été heureux de
pouvoir, dans le cours de nos recherches, recueillir quel-

_____

(1) Rabelais dit que Gargantua s'amusait beaucoup des bateleurs, surtout de ceux de Chauny en Picardie, *grands jaseurs et beaux bailleurs
de balivernes en matière de singes verts*.

ques renseignemens certains sur ces anciennes coutumes populaires, qui peignent si bien les hommes d'autrefois et le temps où elles étaient en vigueur, et il n'est pas un lecteur qui ne nous sache gré de lui faire partager notre bonne fortune. Au surplus, ces usages, comme on va le voir, étaient religieux ou civils, mais jamais politiques; car nos pères, plus sages que nous, écartaient avec soin les discussions relatives aux affaires publiques pour lesquels ils ne se sentaient pas de goût, parce qu'à leurs yeux, elles avaient le tort de troubler leurs plaisirs en suscitant des divisions et des haines entre les hommes du même pays, souvent entre les membres d'une même famille.

Les vieux garçons et les vieilles filles mariés dans le cours de l'année, les veufs et les veuves remariés en secondes noces, devenaient pour ce fait le sujet de la censure publique. Le jour de la fête de saint Sébastien qui tombe le 20 janvier, était consacré à les régaler d'un charivari bruyant. Ce jour-là, les gens du peuple, les ouvriers de la ville et des environs, se rassemblaient armés de pelles, de chaudrons, de casseroles, de tous les instrumens destinés à produire les sons les plus discordans, et ils parcouraient les rues suivis de tous les enfans de la ville. Malheur aux hommes et aux femmes qui avaient convolé en secondes noces, aux garçons et aux filles qui avaient trop longtemps attendu pour s'engager dans les liens du mariage : la porte de leur demeure, depuis longtemps notée, était assiégée par la foule, et un concert diabolique commençait sous leurs fenêtres. Ce tintamare n'était suspendu que pour donner aux enfans le temps de jeter des clameurs assourdissantes, et au peuple celui de se répandre en quolibets sans fin, en rires inextinguibles. On ne pouvait se débarrasser de ces visiteurs incommodes, qu'en leur offrant quelques pièces de

8

monnaie. La recette en était confiée à l'un des charivari-
seurs, et servait à acquitter les frais de la ripaille qui ne
manquait jamais de terminer une journée aussi bruyamment
employée. Comme c'était probablement là le but principal
de la cérémonie, on ne manqua pas, par la suite, d'en étendre
le cercle afin de grossir la recette, et tous les gens mariés
dans l'année se virent sans distinction soumis à la formalité
de ce charivari. Il s'en suivit des excès qui nécessitèrent
l'interdiction de cette coutume.

Un usage d'un autre genre avait lieu à Chauny le jour
du jeudi gras, que le peuple de cette ville nommait *Jeudi-
Jaudiau*. C'était alors le tour aux écolières de se rassembler.
Le but de leur réunion était de parcourir les rues un panier
à la main, demandant des œufs à la porte de toutes les
maisons. La récolte faite, elles se réunissaient de nouveau,
non point pour partager, mais pour lutter d'adresse et savoir à qui d'entre elles resteraient tous les œufs. Voici en
quoi ce jeu consistait : on établissait sur l'une des places
de la ville, un plan incliné en terre sur lequel les écolières
faisaient à tour de rôle rouler chacune un œuf. Celle qui, par
adresse ou par bonheur, voyait son œuf résister au choc de
ceux de ses compagnes, et réussissait à le préserver de tout
accident, était proclamée la reine du *Jaudiau*. On la promenait par les rues, un sceptre dans la main, au milieu de
ses compagnes qui ne lui épargnaient pas les acclamations.
Les maîtresses d'école à qui profitaient ces collectes, entre-
tenaient cet usage avec soin.

Les jours gras étaient sans doute à Chauny l'occasion de
divertissemens populaires ; mais comme les historiens n'en
parlent pas, on doit penser qu'il ne se passait en cette
ville rien autre chose que ce qu'on voyait partout ailleurs.
Nous savons pourtant que la fête des *Brandons* n'y était

pas oubliée. Le soir de ce jour-là, qui est, comme on sait le premier dimanche de carême, on faisait un feu de joie dans l'endroit le plus élevé de la ville, et le peuple assemblé ne manquait pas de danser autour du bûcher enflammé, aussi longtemps qu'il répandait quelques lueurs. On avait d'ailleurs soin d'entretenir le feu, en y jetant de temps à autre de la paille, des fagots et du gros bois.

La galanterie était aussi le prétexte d'une bombance populaire à Chauny. Le premier mai, tous les amoureux se répandaient dans les bois voisins de la ville pour y couper un petit arbre auquel on donnait le nom de *Mai*. Le talent était d'en découvrir de bien droits, de beaux, vigoureux, pleins de sève, et dont les feuilles fussent épanouies, signes certains de la force des sentimens de l'amoureux. Chacun rapportait ensuite son arbre et le plantait dans la rue, devant la porte de celle qu'il aimait. Mais tout n'était pas fini pour cela. Les amoureux avaient, pendant leur course dans les bois, orné leurs chapeaux d'une feuille fraîche et verte : ils parcouraient alors la ville en demandant à tous les passans d'en exhiber autant. Celui qui n'en pouvait représenter, était mis à l'amende. Le produit de cette collecte forcée servait encore à couvrir les frais d'un joyeux repas, par lequel se terminait, comme toujours, cette fête nommée *la fête du verd*.

Il faut sans doute chercher une origine religieuse et un souvenir de l'ancien culte druidique, à cet autre usage que nous allons rapporter. Chaque année, la veille de Noël, les enfans de Chauny parcouraient les rues, frappaient aux portes des maisons, et demandaient quelque pièce de monnaie en disant : *Au guignoleux chanterons-nous !* On pense, non sans vraisemblance, que le mot *guignoleux* est la corruption de ceux-ci : *Au gui l'an neuf !* cri usité dans les cérémonies de l'ancienne religion des Druides.

Une autre coutume des habitans de Chauny donne à cette supposition un nouveau degré de vraisemblance. Il est certain qu'ils furent longtemps dans l'usage, à un certain jour de l'année, de se réunir sous un chêne et de s'y livrer à des danses et autres divertissemens.

Les noces et même les funérailles ne pouvaient manquer d'être également des occasions de divertissemens et de bombances, pour un peuple aussi ami de la joie que l'était autrefois celui de Chauny. En effet, après un convoi funèbre, on voyait tous les assistans se réunir dans un banquet, où, d'abord, l'éloge du défunt ou de la défunte faisait seul le sujet de la conversation; mais, peu à peu, les boissons échauffaient les têtes, et le repas se terminait d'une manière d'autant plus gaie, qu'il avait d'abord été plus triste et plus contraint en commençant.

C'est surtout dans les noces que le peuple de Chauny s'abandonnait à toute la jovialité de son caractère. Il était d'usage d'y établir un *gardien de la mariée*. Celui à qui échéait cet honneur, avait pour mission de veiller sans cesse sur elle et de ne pas la perdre un instant de vue; mission difficile et délicate, dont l'oubli attirait sur lui, comme nous allons le voir, une terrible responsabilité. Les autres convives étaient, au contraire, toujours en quête des moyens de le faire manquer à sa consigne. On n'a pas une idée des ruses qu'ils employaient pour mettre en défaut sa surveillance et ravir à sa vue la mariée pendant un seul instant. L'époux n'était pas le moins ardent à poursuivre ce but, afin de se débarrasser d'un argus gênant, et la jeune femme elle-même ne se prêtait que trop aux mille stratagèmes mis incessamment en œuvre pour faire tomber en faute son malheureux gardien. Aussi voyait-on celui-ci aller, venir comme elle, s'assoir si elle s'asseyait, se lever quand elle quittait sa chaise, la suivre pas à pas dans les chambres, à la cour, au jardin, dans les endroits les plus secrets où sa surveillance devenait des plus incommodes. Et pourquoi s'astreignait-il à une pareille sujétion ? c'est qu'une peine ignominieuse était le fruit inévitable de sa négligence. En effet, si l'on parvenait à soustraire un seul instant la mariée à ses regards, il était aussitôt saisi, placé sur un âne, le visage tourné vers la queue qu'il devait tenir entre ses mains en guise de bride, et dans cet équipage ridicule, on le promenait par les rues de la ville suivi des gens de la noce et des violons, qui s'étudiaient à tirer de leurs instrumens les sons les plus discordans et les plus aigus. On peut s'imaginer les quolibets et les plaisanteries dont il était l'objet de la part de la foule assemblée pour le voir passer. Et ce martyre était long : car les gens de la noce prenaient un malin plaisir à prolonger son tourment, en mettant une lenteur calculée dans leur marche. Le cortége s'arrêtait dans chaque carrefour, à chaque coin de rue, et un homme qui marchait auprès du patient, une bouteille pleine de vin à la main, faisait mine de lui en offrir de temps à autre, comme pour lui donner le courage et la force de remplir jusqu'au bout son triste rôle. Nous disons qu'il faisait semblant de lui donner à boire, car il se contentait de lui présenter une éponge humectée d'un peu de vin versé goutte à goutte de la bouteille dont il était porteur, tandis que la présentant fréquemment à ses propres lèvres, il avait soin d'en avaler lui-même de copieuses gorgées.

Du reste, ce même peuple avait sa part des repas de noces, car il ne manquait pas de venir, quand ils étaient finis, demander des *roquillons*, selon l'expression employée par lui, et on lui en abandonnait tous les restes.

Quelques détails sur les coutumes religieuses autrefois en

vigueur à Chauny, compléteront le tableau des usages et des mœurs de l'ancienne population de cette ville.

Il s'établit de bonne heure, dans ses églises, des confréries dont le but fut tantôt religieux, tantôt charitable. Au 14ᵉ siècle, on voyait dans l'église de Notre-Dame, une confrérie dite du Saint-Sacrement, dont les membres avaient pour mission d'escorter honorablement le clergé pendant la procession annuelle de la fête-Dieu.

Les bouchers en étaient les principaux membres. L'honneur de porter le dais, leur était réservé. Quatre d'entre eux se revêtaient pour cet office de longues robes noires ornées de rabats, comme les avocats, et ils s'avançaient la tête couronnée de fleurs. Les autres bouchers les suivaient deux à deux, aussi vêtus de robes noires et portant un cierge à la main. L'exercice de cette fonction constituait pour eux un privilége que l'abbé de Saint-Eloi-Fontaine voulut en vain leur contester en 1591.

Dès le 15ᵉ siècle, il s'était établi dans l'église de Saint-Martin, une confrérie dite *de la Passion*. La mission des confrères étaient de représenter des mystères, et particulièrement la passion de Jésus-Christ.

Si cette date du 13ᵉ siècle donnée par le père Labbé est bien exacte, on devra reconnaitre que Chauny a de beaucoup précédé les autres villes du pays dans les représentations de ce genre de spectacle, qui a donné naissance à l'art théâtral moderne. Cet écrivain croit trouver, dans les jongleries dont ces représentations étaient accompagnées, l'origine des singes de Chauny, dont nous parlerons bientôt.

Beaucoup d'autres confréries furent successivement établies dans cette même église de Saint-Martin. La plus fameuse était celle qui portait le nom de ce bienheureux. Chaque année, on élisait le prévôt de la confrérie. La veille et le jour de la fête, il venait à l'église couvert d'un manteau rouge, l'épée au côté, botté et éperonné. Le connétable et les chevaliers de la confrérie, l'escortaient ; des violons marchaient en avant. Sa femme s'avançait après eux, suivie à son tour des femmes des autres confrères dans leurs plus beaux atours. Le jour de la fête, la confrérie donnait deux lots de vin au curé et aux chantres pour doubler les antiennes à vêpres, deux au prévôt et deux aux chevaliers. Le lendemain, après la messe de l'obit, les femmes déjeûnaient chez celle du prévôt, et la confrérie leur envoyait encore deux lots de vin pour arroser leur repas. Le jour que le prévôt était élu, il devait donner deux sous à la confrérie, et six sous aux pauvres ; le jour de la fête, des gants au connétable, aux chevaliers et aux violons. Il était obligé, disent les statuts de 1472, de *soutenir coq et poule* toute l'année, et de garder le secret de la confrérie. Ces usages furent abolis en 1676.

Les plus utiles de ces confréries furent celles des pauvres *chartriers* et des *dames de la charité*. On appelait autrefois chartriers les gens renfermés dans les prisons, jadis nommées *chartres*. La mission des membres de cette première confrérie était le soulagement des prisonniers. Elle s'éteignit au commencement du 16e siècle.

La confrérie des *dames de la charité* s'établit en 1642. Elle se composait de femmes charitables, dont le but était de secourir à domicile les pauvres malades de la ville. Elles leur fournissaient gratuitement la nourriture et les médicamens, leur procuraient les sacremens de l'église et les assistaient dans leurs maladies.

Les querelles religieuses du 16e siècle n'avaient pas empêché le clergé de Chauny de songer à reconstruire l'église de Saint-Martin, dévastée et ruinée pendant les siéges dont nous avons précédemment donné le récit. Comme la cause principale de sa ruine était dûe à sa situation dans le faubourg du Brouage, on résolut de la transporter dans l'intérieur des murs. On choisit à cet effet un emplacement situé près des remparts et de la rue de Noyon, et l'on en fit l'acquisition en 1563, moyennant la somme principale de 497 livres 10 sous. Selon toute probabilité, il existait déjà, attenante à cet emplacement, une petite église, peut-être l'ancienne chapelle du château, que l'on songea à utiliser, en formant avec elle le chœur de la nouvelle église projetée, comme nous allons l'expliquer.

L'église Saint-Martin de Chauny est un vaisseau de petite dimension, peu élevé et de forme rectangulaire, plus long que large. Elle n'a point de transepts; son chœur se termine en demi-cercle.

Extérieurement, cette église n'a rien de remarquable. Les fenêtres du chœur, petites et basses, sont à plein-cintre; celles de la nef sont grandes, ogivales, et dans le style du gothique fleuri, c'est-à-dire, dans celui de la seconde moitié du 16e siècle. En effet, sur les meneaux de l'une de ces fenêtres est représenté un chevalier avec ses armes, l'un des bienfaiteurs de l'église sans doute, et au-dessous on lit la date de 1580.

A la place du portail s'élève une lourde tour carrée, bâtie en grès et sans aucun ornement. Elle était autrefois surmontée d'une haute flèche, comme on peut le constater dans la vue générale de Chauny dessinée en 1604, et qui accompagne le présent ouvrage.

L'intérieur se compose d'une nef avec deux collatéraux, et d'un chœur très court demi-circulaire, comme nous l'avons dit, accompagné d'un collatéral également en demi-cercle.

Les voûtes, légèrement surbaissées, sont portées sur des colonnes rondes assez minces, à bases octogones. De dessus les chapiteaux s'élancent une multitude de nervures qui s'entrelacent d'une manière capricieuse et souvent bizarre. Les clefs de ces voûtes sont toutes fleuronnées et pour la plupart ornées d'écussons effacés, mais destinés sans doute à rappeler le souvenir des familles dont les aumônes ont contribué à la réédification de cette église. L'une de ces clefs, placée à l'entrée du chœur, est pendante ; elle offre les ornemens les plus variés et les plus délicats, et se termine par une colombe qui semble planer au-dessus des fidèles. C'est surtout dans cette partie de l'édifice, correspondant à la *croisée* ou *lanterne* de beaucoup d'églises, que l'artiste a donné carrière à son imagination dans l'entrelacement des nervures de la voûte. Elles y sont si nombreuses, que cette dernière disparaît littéralement derrière elles.

Si cette partie de l'édifice accuse, par son style, la fin du seizième siècle, il n'en est plus de même du chœur. La voûte principale est bien encore du même style et de la même époque ; mais la construction de tout le reste doit être, selon nous, reculée de deux à trois siècles en arrière, bien que plusieurs de ses parties soient déguisées sous des ornemens d'une date tout à fait récente.

Les colonnes du pourtour de ce chœur sont courtes, épaisses et surmontées de tailloirs bas et simples. Les entre-colonnemens sont à pleins-cintres. Au-dessus on a sculpté des palmes et des vases dans le style du 17e et même du 18e siècle. Les voûtes de la galerie circulaire sont également à plein-cintre. Elles sont supportées par des nervures simples, peu nombreuses, qui se terminent à de petites clefs sans ornemens. L'une d'elles offre pourtant une inscription

9

en lettres gothiques, que l'éloignement et le badigeon nous ont empêché de lire.

L'autel est magnifique. Il est orné de colonnes en marbre rouge, d'un seul morceau, et, par cela même, d'un grand prix. On remarque aussi dans l'église Saint-Martin de Chauny, plusieurs bonnes copies de grands maîtres, et un tableau représentant la Madeleine, qui nous a paru être un original espagnol.

Nous avons vu comme quoi la terre de Chauny, après avoir été plusieurs fois distraite du domaine royal, y était une dernière fois rentrée en 1498. On avait pu croire, enfin, que la réunion serait définitive, car celui-là qui l'opérait en était propriétaire en quelque sorte à un double titre, d'abord comme apanagiste, sous le nom de duc d'Orléans, ensuite comme roi, sous le nom de Louis XII. Il n'en fut rien pourtant, et moins de trente ans après, François Ier, son successeur, la donnait de nouveau à un membre de la famille royale, mais n'appartenant plus cette fois à la maison d'Orléans qui l'avait si longtemps possédée.

Ce nouvel apanagiste était Marie de Luxembourg, veuve de François de Bourbon, comte de Vendôme, et grand'mère de Henri IV. Cette princesse, qui faisait son séjour à La Fère où elle donna le jour à une famille aussi nombreuse qu'illustre, était l'une des plus riches propriétaires de ce temps; mais elle faisait le plus noble usage de son immense fortune. C'est à elle que l'on doit la fondation du couvent d'Annonciades et des filles du Calvaire de La Fère. Son inépuisable charité envers les malheureux, lui avait valu le beau surnom de *mère des pauvres*.

Telle est la personne à qui François Ier donna la terre de Chauny, nous ne savons à quel titre. Il y ajouta les terres et seigneuries du Valois, Castres, Montfort-l'Amaury, Ribemont et autres, et comme Marie de Luxembourg possédait déjà le comté de Marle et de La Fère, ainsi qu'un grand nombre d'autres beaux domaines aux environs, on peut dire, ainsi que nous l'avons fait, que cette dame fut véritablement l'un des plus riches propriétaires fonciers de l'époque.

A sa mort arrivée en 1546, la terre de Chauny paraît être rentrée de nouveau dans le domaine royal, mais il était de sa destinée de n'y pas rester longtemps. En effet, elle fut encore aliénée plusieurs fois par les successeurs de François I$^{er}$, et ne cessa de l'être jusqu'au moment où éclata la révolution française. La première aliénation en fut faite par Charles IX, en 1572. Ce prince avait besoin d'argent pour pousser le siége de La Rochelle, et c'est dans ce but qu'il donna à titre d'engagement, la terre de Chauny à Louis d'Ongnies, seigneur de Magny. Ce seigneur la paya 50,000 livres tournois; ce qui n'empêcha pas Henri IV de rompre cet engagement en 1606, pour des motifs qui nous sont inconnus, et de donner la terre de Chauny à Louis Potier, duc de Gesvres. Cette aliénation fut renouvelée en 1621; mais, cette fois, Louise d'Ongnies, veuve du précédent propriétaire, jouit de cette terre par indivis avec le duc de Gesvres. A la mort de cette dame arrivée en 1670, la seigneurie de Chauny passa à la duchesse de Pecquigny qui la garda jusqu'en 1678. Louis XIV en aliéna alors la propriété usufruitière au duc de Chaulne, en échange de quelques terres que ce seigneur lui avait cédées pour former le parc de Versailles. Enfin, en 1699, ce prince abandonna par contrat d'échange, à Louis Guiscard, lieutenant général des armées, le domaine utile et la mouvance de Chauny, lesquels en 1705 furent unis à la terre de Magny pour être érigés en marquisat, sous le nom de Guiscard, en faveur de ce même Louis

Guiscard. Ce marquisat passa en 1708 dans la maison d'Aumont, par le mariage de Catherine de Guiscard avec Louis-Marie, duc d'Aumont.

Les droits seigneuriaux qui se percevaient alors à Chauny, étaient encore à cette époque aussi productifs que variés dans leur nature. On voyait d'abord celui des *foeurs du vin*. Il se prélevait sur la vente en détail de ce liquide et était de douze pots de vin par an pour chaque prix et autant de fois que le vin était changé. Ce droit rapportait 500 livres au marquis de Guiscard.

Venait ensuite le droit de *cervoise* (bierre) et *godaille*(1) qui était de 20 sous tournois par chaque brassin. Il rapportait 50 livres au même seigneur.

Puis, on voyait le droit de *douzain*, rente de douze deniers dûe par chaque habitant pour le rachat du four banal ; celui de *hauée* ou *havée*, qui se percevait sur la vente des fruits et des légumes. Il était d'une obole parisis par hottée de ces légumes, et d'un denier parisis par charge. L'acheteur le devait seulement quand il voulait revendre ces denrées.

Le droit de *tonnelage* ou *tonlieu* sur les marchandises mises en vente sur la voie publique, était distinct de celui d'*étalage* dû par tout individu ayant boutique ouverte sur la rue. Ce dernier était d'un denier parisis par chaque jour de la semaine ; de deux deniers les jours de marché.

Il y avait le droit de *fourrière;* celui de *prises et ventes*, qui se levait sur le produit de la vente publique des meubles; celui d'*égardage* et *languóyage de porcs*, sur la viande de

(1) Nous ne savons pas au juste ce qu'on désignait par le mot *godaille*. Nous pensons que c'était une sorte de bierre de qualité inférieure et à bas prix. En basse latinité, *godela* signifie une mauvaise bierre. Dans le langage populaire actuel, on désigne encore par le mot godaille les boissons communes et de mauvais goût.

ces animaux ; le droit de *péche*, ceux de *chasse* et de *ten-derie*. Ce dernier était dû par quiconque tendait des filets aux canards sur la rivière.

Le droit de *travers* ou *vinage* se levait sur tout le vin en fût qui traversait la ville. Le seigneur de Chauny le percevait également à Viry et à Faillouel ; mais les habitans de Marest-Dampcourt et d'Abbécourt en étaient exempts (1).

Il perçut aussi longtemps le droit de *rouissage* sur le lin. Mais au 18ᵉ siècle, ce dernier était tombé en désuétude, sans doute parce que la culture du lin était elle-même à peu près abandonnée.

Le seigneur de Chauny exerçait le droit de *braconnage* ou *braconnerie* en prenant tous les trois ans, dans la boutique de chaque cordonnier de la ville, deux paires de souliers à son choix. Il ne pouvait toutefois faire cette prise qu'après que le maître de la maison avait choisi pour lui-même, dans sa propre boutique, la paire de souliers qui lui convenait le mieux. Ce droit était conversible en argent, moyennant 50 sous par paire de souliers.

Enfin, les seigneurs de Chauny percevaient un dernier droit aussi bizarre dans sa nature que grossier dans son nom. Malheur à la jeune mariée qui, le jour de ses noces, par nécessité ou par mégarde, passait et repassait la rivière d'Oise. Pour ce fait, elle devait cinq sous parisis à son seigneur, et ce dernier pouvait lui faire fermer les portes de la ville au nez, si elle refusait de les acquitter. Ce droit, souvenir sans doute d'un autre plus ancien et plus immoral, fut quelque temps érigé en fief.

(1) Les habitans de Chauny, à leur tour, étaient exempts du droit de vinage à Ham, à Vendeuil, à Flavy, à Fromentel, à Travecy et à Pierremande.

Pendant ces différens changemens, Chauny avait vu plusieurs événemens s'accomplir dans ses murs. Le premier par ordre de date, fut un tremblement de terre qui se fit sentir le 6 avril 1580, entre cinq et six heures du soir. Non-seulement Chauny, mais encore d'autres villes des environs, comme Laon, Coucy, etc., virent leurs monumens et leurs maisons ébranlés par ce phénomène, qui, d'ailleurs, ne paraît avoir causé nulle part de grands dégâts. Toutefois, comme dans d'autres localités environnantes, il fut suivi à Chauny d'une maladie épidémique, dont la population eut aussi beaucoup à souffrir.

On était alors en pleine ligue. On sait que cette association formidable, dont le mobile apparent était la défense de la religion catholique, avait pour but réel un changement de dynastie. Les Chaunois ne voulurent jamais s'écarter un instant de la ligne de fidélité qu'ils devaient à leur prince légitime. Mais la possession de cette ville tentait la convoitise des ligueurs, qui auraient bien voulu mettre tout ce riche pays sous leur sujétion, en s'établissant derrière ses remparts ; ils résolurent donc de tenter un effort pour s'en emparer.

Dans les derniers jours de l'année 1591, la garnison de Soissons jointe à d'autres troupes, se porta rapidement sur Chauny, espérant l'emporter par une attaque brusquée. Heureusement, on avait eu vent de ce projet : d'Hunières s'était embusqué dans les environs, et les habitans étaient sur les remparts avec les troupes de la garnison. On laissa les ligueurs s'engager avec confiance sur la longue chaussée du faubourg de ce nom, et au moment où ils croyaient la ville prise, ils se virent assaillis d'une furieuse décharge de mousqueterie et d'artillerie, qui mit le désordre dans leurs rangs. Dans ce moment même d'Hunières les attaquait en queue. La déroute des ligueurs fut complète, et ils abandonnèrent la place laissant sur le terrain beaucoup de morts. Un grand nombre de prisonniers et 500 chevaux restés dans les mains des royalistes, furent le trophée de leur victoire.

Cette attaque engagea les habitans de Chauny à augmenter les fortifications de leur ville. Ils exécutèrent ces travaux avec leurs seules ressources, et ils parvinrent à mettre leurs remparts dans un état de défense des plus respectables. Henri IV voulut en 1596, récompenser la fidélité des Chaunois pour sa personne, en leur accordant pour un an le quart des droits établis sur les marchandises qui débarquaient ou s'embarquaient sur leur port (1).

La générosité de ce prince ne s'arrêta point à cette concession. Jusqu'alors, ce qu'on appelait le port de Chauny était simplement un endroit de la plage où l'on embarquait sur l'Oise les marchandises à la destination du dehors. On n'y voyait aucune des commodités ni des constructions qui constituent un port véritable. Henri IV permit, cette même année, d'en construire un, et pour faciliter l'exécution de ces travaux, il autorisa non-seulement une levée de 666 écus et deux tiers sur les habitans, mais encore pendant six ans une imposition de cinq sous sur chaque minot de sel vendu aux greniers de Noyon, Coucy, Guise et Saint-Quentin. Grâce à ces ressources, on put donner au port de Chauny les aisances qui lui manquaient, et construire un canal de dérivation qui permit aux bateaux de remonter jusqu'à Chauny même, ce que le barrage établi au milieu de la ri-

---

(1) Il y avait au 16ᵉ siècle à Chauny une fabrique de toiles de lin dont les fabricans portaient le nom de *murquiniers* ou *musquiniers*. Ils formaient une communauté dont les statuts furent dressés en 1595.

vière pour l'usage des moulins, avait jusqu'alors empêché.

C'est ici le lieu de nous occuper d'un personnage pro-blématique qu'on dit avoir vécu à Chauny vers la fin du 16e siècle, mais dont l'existence a donné lieu à bien des controverses. Nous voulons parler du célèbre vacher nommé *Tout-le-Monde*.

La tradition, qui aime à entourer de fables la vie des hommes *illustres*, dit de ce vacher, le plus fameux de l'his-toire sans doute, qu'il était doué d'une taille énorme et d'une force herculéenne, qu'il vécut près de *cent et vingt ans*, qu'après sa mort il fut enterré dans la prairie de Senicourt en un endroit dit *le Saint-Camp* (saint champ), et que les bêtes à cornes, par respect pour la mémoire d'un aussi illustre gardien qui les mena paître pendant soixante et dix ans, refusaient de brouter l'herbe de son tombeau.

La fortune du vacher *Tout-le-Monde* fut dûe au hasard, absolument comme celle de beaucoup de grands hommes. Henri IV aimait les habitans à cause des marques éclatantes de fidélité à sa personne qu'il lui avaient données. Pendant le siège de La Fère en 1594, il se rendait de temps en temps à Chauny pour visiter ses bons amis les Chaunois, lesquels ne manquaient jamais de venir au devant de lui afin de le recevoir et de le complimenter (1). Il arriva qu'un

---

(1) Une femme de Chauny se présenta un jour devant ce prince qui était, comme on sait, accessible à tout le monde. Elle portait dans ses bras son enfant atteint des écrouelles, et le supplia les larmes aux yeux, de vouloir bien le toucher de ses mains royales. Henri IV s'en défendit, donnant pour excuse à un refus qui lui était pénible, sa qualité de pro-testant, car il n'était point encore entré dans le giron de l'église catho-lique. « Vous êtes le roi de France, » lui répondit cette pauvre mère. Le roi ému de la douleur et de la foi de cette femme, toucha alors l'enfant en lui disant : « Que Dieu te guérisse par la foi de ta mère ! » Dom

jour les habitans prévenus de son approche, se portèrent à
sa rencontre d'un côté, tandis que lui-même s'acheminait
vers leur ville par un autre. Ce bon prince fut surpris de
ne voir personne contre l'usage ordinaire, et apercevant
près du grand chemin un vacher gardant son troupeau, il
envoya vers lui pour s'informer si quelque funeste événement n'était point survenu à Chauny et n'avait empêché les
habitans de venir à sa rencontre. Ce vacher, c'était *Tout-le-*
*Monde*; il s'approcha, et sans être intimidé par le rang du
roi, il lui adressa la parole en ces termes : *Sire,* lui dit-il,
*celle ville de Chaulny est bien vostre mequenne* (servante).
*Voilà mes bestes à cornes que je vous amène; les compli-*
*menteux sont au-delà de l'iau.*

Cette harangue courte, mais bonne, fit la fortune de
*Tout-le-Monde.* Le roi en rit beaucoup avec sa suite, et
comme il aimait à se créer des distractions au milieu des
graves préoccupations de sa vie, il voulut s'attacher le vacher
orateur, dans la pensée qu'il pourrait quelquefois se divertir
de la naïveté de ses réponses et de son ignorance amusante.
On lui donna un cheval, car un vacher d'importance ne
pouvait décemment garder à pied son troupeau; à la place
de sa trompette de corne, on lui mit en main un cornet
d'argent, et il suivit la cour dans toutes ses pérégrinations,
amusant le roi par ses réparties ingénues, quelquefois as-
saisonnées d'un esprit et même d'une malicieuse finesse
qu'on était loin d'attendre d'un homme sans éducation, ha-

Labbé qui rapporte cette histoire touchante, assure que la guérison eu
lieu.

On a longtemps conservé à l'hôtel de ville de Chauny la coupe en cristal
dans laquelle Henri IV buvait lorsqu'il prenait quelque repas dans cette
ville. Cette coupe est aujourd'hui entre les mains d'un particulier.

10

bitué à vivre au milieu d'un troupeau, et non en compagnie de seigneurs élégans.

Après sa mort, on l'enterra comme nous l'avons dit, dans la prairie de Senicourt, et l'épitaphe suivante fut mise sur son tombeau :

> Ichi, chous chete lorde tombe
> Gist li vaquer dit *Tout-le-Monde*,
> De Chalny, chité de grant prix
> Entre maint chités du pays.
> K'il pasche de Keron la barque
> Autant bien k'il wardit nos vaques !
> Chil trespassa d'ans chent dix-nuef
> Si gras de vertus come buef.
> Boviers, vaquers, kevals et asnes
> Bien wardés d'interrompre s'ame (1).

Le ton de plaisanterie qui règne dans cette inscription, d'ailleurs écrite en patois picard et dans l'orthographe de l'époque, ne suffirait pas pour rejeter absolument la tradition du vacher de Chauny. On sait que ces sortes d'épitaphes goguenardes étaient assez dans le goût du temps ; et si l'on ne peut rien dire de positif sur ce personnage, il est

---

(1) Traduction de l'épitaphe de *Tout-le-Monde* :

> Ici, sous cette lourde tombe
> Gît le vacher dit *Tout-le-Monde*,
> De Chauny, cité de grand prix
> Entre maintes cités du pays.
> Qu'il passe de Caron la barque
> Aussi bien qu'il garda nos vaches !
> Il passa d'ans cent dix-neuf
> Aussi gras de vertus qu'un bœuf.
> Bouviers, vachers, chevaux et ânes
> Gardez-vous de troubler son âme.

au moins possible d'affirmer qu'il existait au 16ᵉ siècle dans cette ville, une famille nommée *Tout-le-Monde*, dont les membres exercèrent de père en fils la profession de vacher.

Le commencement du 17ᵉ siècle est l'époque de la création à Chauny d'une compagnie d'arquebusiers. Ils furent établis sur le modèle de ceux qui existaient déjà dans beaucoup d'autres villes. Selon la coutume encore, les membres de la nouvelle association durent choisir un emblême qui servit à les distinguer. La cérémonie des jongleurs était alors dans toute sa force; on pensa naturellement à adopter la figure d'un singe, et cet animal fut représenté sur la bannière de la compagnie. De là vint ce dicton autrefois si répandu : *les singes de Chauny*, sobriquet auquel on n'attachait d'ailleurs aucune idée blessante pour le caractère des Chaunois. Aussi ne s'en formalisaient-ils pas, car c'était l'usage de donner un sobriquet à chaque ville, et celui de singes n'avait rien de plus humiliant que les sobriquets de *loups* et de *beyeux* donnés aux habitans de Laon et de Soissons (1).

Quand la compagnie sortait dans les rues, elle se faisait précéder par un homme habillé en vacher, lequel s'avançait en contrefaisant les gambades et les tours du singe. Cela était encore conforme à l'usage général, car chaque com-

(1) Des écrivains ont cherché ailleurs l'origine du sobriquet de singes de Chauny. Cette ville, disent-ils, ayant autrefois désiré peupler de *cygnes* les vastes pièces d'eau dont elle était alors entourée, demandèrent de ces animaux à Paris. Mais, dans la requête, le nom de l'objet demandé subit par mégarde une métamorphose : on écrivit *cynges* pour *cygnes*, en transposant les deux lettres *g* et *n*. Personne ne s'aperçut de la méprise, car jadis on écrivait quelquefois le mot singe par un *c*. On envoya donc des singes. Nous laissons à penser les quolibets qui accueillirent cet étrange quiproquo, d'où vint, selon ces écrivains, le sobriquet de singes de-

pagnie d'arquebusiers marchait précédée d'un homme ou d'un animal dont elle tenait son sobriquet. C'est ainsi qu'à la tête de la compagnie de Soissons s'avançait le *beyeux*, c'est-à-dire, un homme qui contrefaisait la démarche d'un insensé semant du sable sur son chemin. Celui de Chauny était surnommé *Tout-le-Monde*, en souvenir du vacher dont nous avons parlé plus haut.

Le jardin où les arquebusiers de Chauny se livraient à leurs exercices, s'étendait derrière le couvent des religieuses de Sainte-Croix. Il était planté avec goût et servait de promenade aux habitans. Cette compagnie fut supprimée en 1735, en même temps que toutes celles des autres villes de la généralité de Soissons.

Chauny. Cette histoire est sans doute ingénieuse, mais elle n'est évidemment pas vraie.

On trouve encore ce sobriquet de singes consigné dans ces anciens vers latins :

> *Calnia, dulce solum, cui septem commoda vitæ :*
> *Pomœ, nemus, segetes, linum, pecus, herba, racemus.*
> *Cujus et indignis simii sunt propria septem :*
> *Fraus, amor, ira, jocus, levitas, imitatio, rictus.*

Le poëte donne dans ces vers l'énumération exacte des richesses de la campagne de Chauny, jadis surnommée la *Vallée d'or*. Les pommes, les bois, les moissons, le lin, les prairies, le raisin s'y voyaient autrefois réunis, et on les y voit encore, à l'exception de la vigne (*). Mais il s'abandonne à son humeur satirique quand il attribue aux Chaunois tous les défauts du singe. On leur a au contraire en tout temps reconnu une gaieté franche et joyeuse, qui n'exclut jamais chez eux le goût du travail et la droiture dans les transactions commerciales.

---

(*) La culture de la vigne fut abandonnée à Chauny à la fin du 17e siècle. Les hivers rigoureux de 1684 et 1694, qui y firent périr la presque totalité des vignes, en furent la principale cause. On les remplaça par des plantations de pommiers.

Avant la compagnie d'arquebusiers, il existait déjà à
Chauny une autre institution militaire, celle des arbalétriers, qui avait elle-même succédé à une troisième, plus
ancienne encore, à la compagnie des archers. On ne sait
absolument rien sur cette dernière, dont l'établissement re-
montait sans doute à l'époque de la création, dans d'autres
villes, d'institutions semblables. Quant aux arbalétriers, ils
existaient à Chauny dès le milieu du 14ᵉ siècle, et on sait
que Philippe-d'Orléans leur accorda en 1570, un jardin
contigu au couvent des religieuses de Sainte-Croix. Ce jardin
fut abandonné à ces religieuses en 1650, sans doute à cause
que la compagnie des arbalétriers s'était dissoute à Chauny
devant celle des arquebusiers, comme il arriva partout
ailleurs.

# CHAPITRE IV.

Etablissement à Chauny des Minimes et des Filles de la Croix. Epidémics. Siége de cette ville par les Espagnols ; courageuse défense des habitans. Foires. Hôpital des Orphelins. Prospérité de Chauny. Son commerce. Ses manufactures. Coche d'eau. Le port. Projets de canalisation de l'Oise. Essais d'un sieur de Rusticis. Entreprise d'Henri de Lorraine. Construction du canal Crozat. Destruction des fortifications de Chauny. Etablissement en cette ville de l'entrepôt des glaces de la fabrique de Saint-Gobain. Histoire de cette manufacture et de l'industrie des glaces en France.

Les premières années du 17$^e$ siècle furent aussi le temps où les Minimes s'établirent en cette ville. Claude, seigneur de Montigny, en fut le fondateur. Il leur légua en 1616 la terre de Montigny, ce qui leur permit de songer à venir s'installer à Chauny. Mais à leur tour, ils éprouvèrent de la résistance de la part du prieur, et ils n'en obtinrent de pouvoir se fixer en cette ville qu'en se soumettant aux conditions précédemment imposées aux religieux de la Croix. Ces difficultés aplanies, trois d'entre eux se rendirent à Chauny en 1618. D'autres embarras les y attendaient. La ville montra peu d'empressement à les recevoir ; comme ils n'avaient pas d'asile, ils sollicitèrent les habitans de leur fournir une habitation. On jeta les yeux sur une petite maison nommée l'*Abbayette*, refuge des religieux de Saint-Eloi-Fontaine, et on la loua à ces derniers moyennant un surcens annuel de 18 livres, dont le prélèvement se fit sur le bien des pauvres. Les Minimes y furent installés solennellement dans le courant de cette même année 1618. Mais ces religieux la trouvèrent bientôt insuffisante, et ils demandèrent avec de nouvelles instances à la ville un logement plus convenable dont la propriété leur fut abandonnée. Les habitans firent la sourde oreille. Après de longs pourparlers, voyant qu'on ne se pressait pas d'accéder à leur demande, ils s'apprêtaient à repartir, quand un chanoine de Noyon leur résigna la maison du prieuré de Ville-Selve dont il était propriétaire, et qu'avait autrefois possédé Théodore de Bèze. Les Minimes s'y logèrent, et leur petit établissement s'étant peu à peu augmenté, ils se trouvèrent en 1772 au nombre de six religieux, avec un revenu de 5,000 livres.

La fondation à Chauny d'un couvent de Minimes, fut suivie quarante ans après de l'établissement d'une autre petite communauté beaucoup plus utile. Nous voulons parler des filles de la Croix, religieuses vouées à l'éducation des enfans pauvres.

Les filles de la Croix avaient été instituées dans la ville de Roye, en 1630. Leur but était d'élever les filles pauvres dans la crainte de Dieu et la science du salut, de leur apprendre gratuitement à lire, écrire et coudre. Ce fut François Mahieu, curé de Saint-Martin qui, ayant apprécié par lui-même les services que ces filles rendaient à Roye, eut l'idée de les introduire à Chauny. Il en vint trois sur sa demande, et afin de faciliter leurs commencemens, il leur abandonna quelques-uns de ses biens.

Les habitans de Chauny accueillirent d'ailleurs leur arrivée avec faveur, car l'école des Cordelières, la seule qui fut consacrée à l'instruction des filles pauvres de la ville, était devenue insuffisante. L'utilité de cette nouvelle institution la fit donc prospérer avec rapidité : aussi devint-elle bientôt la maison-mère d'une communauté qui eut des colonies dans un grand nombre de villes et de villages environnans. Au moment de la révolution, on voyait des filles de la Croix à Saint-Quentin, à Ribemont et autres lieux ; celles de Chauny étaient alors au nombre de seize.

Dans l'intervalle de ces divers établissemens, deux fléaux avaient encore affligé Chauny. Le premier fut la peste qui, en 1656, des environs de cette ville, et notamment de Saint-Quentin où elle sévit pendant deux années consécutives, se répandit dans Chauny et y exerça également de grands ravages. Le second fléau fut la guerre étrangère.

Depuis plusieurs années, la France était en effet en guerre avec l'Espagne. Les pays frontières du royaume avaient été plusieurs fois dévastés par les armées belligérantes ; mais jusqu'en 1652, Chauny eut le bonheur de rester en dehors du théâtre des hostilités. Cette année, de nouveaux troubles ayant éclaté à l'occasion du cardinal de Mazarin, les Espagnols, appelés d'ailleurs par les mécontens, saisirent l'occasion de s'avancer au cœur du royaume. Ils pillèrent ou incendièrent en passant Thenailles, Ribemont, Assis et Crécy-sur-Serre, et se présentèrent devant Chauny au mois de juillet. Les habitans furent aussitôt sommés de livrer le passage de l'Oise par leur ville. Sur leur refus, les Espagnols se disposèrent à une attaque en règle, que les habitans de leur côté s'apprêtèrent à repousser vigoureusement.

Le faubourg du Brouage fut d'abord emporté, et deux régimens ennemis pénétrèrent dans le Pissot. Mais les Chaunois firent une sortie, attaquèrent les Espagnols avant qu'ils aient eu le temps de s'y retrancher, et les mirent en fuite après leur avoir fait bon nombre de prisonniers.

L'ennemi voyant les habitans de Chauny disposés à lui opposer une résistance énergique, fit approcher de nouvelles forces le second jour, et il investit la place au nombre de 18,000 hommes. Un fort détachement passa ensuite la rivière en bateau, et pénétra de nouveau dans le faubourg du Brouage ; mais les Chaunois le reçurent encore avec vigueur et le repoussèrent une seconde fois, non sans en avoir fait un grand carnage.

Le troisième jour, le faubourg de la Chaussée devint le but des efforts des Espagnols. Attaqué vivement par eux, il ne fut pas moins vivement défendu par les habitans, qui leur firent éprouver une perte de deux cents hommes. Pendant ces différentes actions, on vit un curé de la ville, le sieur Sagnier, pointer le canon des remparts, et la compagnie d'arquebusiers se porter bravement aux endroits les plus exposés.

Mais le 16 juillet, qui était le quatrième jour de ce siége, les Chaunois eurent la douleur de voir qu'une plus longue résistance était devenue impossible. Les provisions de bouche commençaient à manquer ; les munitions de guerre étaient presque épuisées ; une large brèche ouvrait le principal bastion, celui qui couvrait leur ville, et ils n'avaient aucun espoir d'être secourus prochainement. Il fallut donc songer à se rendre. La petite garnison sortit avec les honneurs de la guerre, et les habitans obtinrent d'être compris dans la capitulation.

A peine entrés dans la ville, les Espagnols les désarmèrent. Tous leurs chevaux et leurs bestiaux leur furent également enlevés, et l'on vit plusieurs des maisons avoisi-

11

sinant les remparts, être livrées au pillage (1). Au bout de
deux jours, l'ennemi se retira, laissant la ville à la garde
de cinquante cavaliers Vallons sous le commandement du
marquis de la Boullaye, partisan du duc d'Orléans. Les
Chaunois en informèrent aussitôt le marquis de La Ferté,
qui se hâta d'accourir à la tête des troupes du roi. Les
Vallons ne l'attendirent pas, et se retirèrent précipitamment
à la première nouvelle de son approche.

Ce siége avait mis en relief un beau caractère. M. Le-
couvreur, avocat, seigneur de Saint-Pierre, était maire de
Chauny au moment où les Espagnols se présentèrent devant
les murs de cette ville. Après avoir contribué par son courage et son énergie à la défense de la place, il donna sa
démission aussitôt qu'il la vit tombée en leur pouvoir, ne
voulant pas prêter serment de fidélité à un prince étranger.
Cette belle conduite lui valut des lettres d'ennoblissement.

La courageuse défense des habitans méritait aussi sa récompense. Louis XIV crut la donner en accordant à Chauny
une nouvelle foire qui devait se tenir le jour de la Saint-
André. Deux siècles plus tôt, cette concession eût été une
source de prospérités pour cette ville; mais, alors, les foires
avaient perdu une grande partie de leur ancienne importance. Aussi celle-ci ne fut-elle jamais beaucoup fréquentée.

Il n'en était pas de même d'une autre foire annuelle dont
Chauny jouissait de temps immémorial, et qui se tenait en
cette ville le jour de la décollation de saint Jean. L'époque
de l'établissement de cette foire n'est pas bien connue (2);

(1) On prétend qu'il y eut 469 maisons de détruites à Chauny, pendant
le siége. Avant de se retirer, les Espagnols voulurent aussi enlever la
grosse cloche de Saint-Martin. On la leur racheta moyennant la somme
de 240 livres.

(2) Le père Labbé dit qu'elle fut établie en 1204 par Philippe-Auguste.

on sait seulement que, dans l'origine, elle durait un seul jour. Philippe-le-Bel, en 1304, accorda aux Chaunois qu'elle eût désormais une durée de deux jours. Elle fut plus tard reportée au 29 d'août, jour de la fête de saint Momble, et s'y tient encore aujourd'hui. Chauny jouissait également d'un marché franc le premier de chaque mois, fixé depuis au dernier mardi du mois (1).

Le siége de 1652 fut le dernier que Chauny eut à supporter. Les conquêtes de Louis XIV, en reculant les frontières de la France, reportèrent en même temps plus loin du centre du royaume le théâtre des hostilités. Aussi, le règne de ce prince et celui de son successeur furent-ils pour notre pays une époque d'accroissement et de prospérité dont Chauny eut sa bonne part.

Cette ville en profita pour établir, en 1712, dans la rue de Prémontré et sur l'emplacement d'une maison nommée la *Ploierie* qu'elle acheta, un hôpital destiné aux enfans orphelins qui, jusqu'alors, avaient été abandonnés aux soins

(1) Chauny avait avant la révolution ses mesures particulières. C'était pour le blé le setier composé de deux mancauds; le mancaud, de deux quarterons; le quarteron, de quatre boisseaux : le boisseau, de quatre lots; le lot, de quatre pichets. Le setier d'avoine et autres grains était composé de deux mancauds, quatre quarterons et douze boisseaux. Le setier de froment pesait 68 livres, celui de méteil, 64; de seigle, 52; d'orge, 56; d'avoine, 54 livres. Trois setiers et demi de blé ou seigle, trois setiers d'orge ou six setiers d'avoine, composaient le setier de Paris.

Le muids de vin et autres liquides, comportait cent pots (220 pintes de Paris).

Le setier de terre et pré était de 32 verges, la verge de 24 pieds, le pied de 10 pouces 1/2, le pouce de 12 lignes.

Le muids de terre contenait dix setiers, le setier seize boisseaux, le boisseau trois verges et un quart. Deux setiers de pré composaient une faux.

de la charité publique. Cet établissement devait renfermer vingt-quatre orphelins sous la conduite de deux sœurs de charité. Il était administré par le maire et les jurés, les deux curés de la ville, les officiers royaux et quatre notables bourgeois.

Bientôt après, Chauny s'imposa de nouveaux sacrifices pour venir au secours des malheureux. On affecta des revenus en blé et en argent aux besoins des enfans pauvres placés en apprentissage, en faveur des vieillards et des nécessiteux. On établit en outre une charité pour les pauvres malades qui, faute de lits, ne pouvaient être reçus à l'hôtel-Dieu.

Cette époque fut celle d'une grande prospérité pour cette ville. On y voyait alors un commerce assez important d'artichauts, légumes qui s'exportaient par bateaux jusqu'à Paris. On y comptait, en outre, deux blanchisseries de toile occupant cent ouvriers, une manufacture de fayence et deux fabriques de savon, établies à un quart de lieue de ses remparts.

Une communication régulière par eau était en activité avec Paris. Une fois par semaine, le coche embarquait sur le port de Chauny les voyageurs peu nombreux encore que les affaires ou les plaisirs attiraient dans la capitale ou dans les villes intermédiaires. Mais le coche ne marchait que dans la belle saison, depuis Pâques jusqu'à la Toussaint ; l'hiver, chacun se renfermait chez soi, et n'en bougeait plus.

C'est aussi le temps où le port de Chauny atteignit son plus haut degré d'activité. On y construisait alors des bateaux de toute grandeur pour le transport des marchandises, industrie que favorisait beaucoup le voisinage des forêts de Coucy, de Saint-Gobain, de Bouvresse et autres. Mais le commerce d'entrepôt, après avoir enrichi un grand nombre de Chaunois, était tombé, depuis le commencement du 18ᵉ siècle, dans les mains d'étrangers qu'avaient attirés ses profits faciles et considérables. Il ne tarda pas d'ailleurs à décroître avec une rapidité telle, qu'en 1755, il se trouvait réduit à l'embarquement des avoines et des fourrages pour Paris.

La cause de cette décadence fut dans les travaux entrepris, durant ce même siècle, pour canaliser la rivière d'Oise et la rendre navigable au-dessus de Chauny.

Dès l'année 1617, un de ces aventuriers italiens, comme on en voyait alors beaucoup en France, comprenant le parti à tirer de l'amélioration et du prolongement de la navigation de l'Oise, songea à s'en approprier tous les bénéfices en demandant au roi la permission de canaliser cette rivière. Cet étranger, qui se faisait appeler César Arnaud de Rusticis, et se disait comte palatin du Saint-Empire, demanda dans cette vue une audience au jeune Louis XIII. Il lui exposa les avantages que présenterait au commerce la navigation de l'Oise prolongée au-dessus de Chauny par delà le confluent du Noirieu; il insista particulièrement sur les ressources que cette navigation créerait à la ville de Paris, puisque par son moyen, on pourrait y transporter les bois de la Thiérache et faire ainsi baisser le prix de ce combustible, alors fort élevé dans la capitale. Il offrit donc de rendre l'Oise navigable non-seulement jusqu'à Guise, situé à douze lieues au-dessus de Chauny, mais même à trois lieues plus loin, jusqu'au village d'Erloy. En récompense de cette grande entreprise, et pour se couvrir des frais considérables que devait nécessiter son exécution, Rusticis n'affichait pas en apparence des prétentions déraisonnables : il demandait seulement de pouvoir lever quelques petits droits et péages sur toutes les marchandises qui seraient

voiturées par la rivière d'Oise soit en montant, soit en descendant *au-dessus* de Chauny.

Sa demande lui fut accordée et un arrêt du conseil l'admit
à l'entreprise de l'ouvrage, moyennant le prélèvement, pendant quarante années, d'un droit sur les bateaux qui parcour-
raient le nouveau canal.

Les premiers travaux exécutés par Rusticis dévoilèrent
ses desseins aux yeux des moins clairvoyans. On vit bientôt
que, sous l'apparence de l'intérêt public, il était animé du
seul désir de s'emparer de la navigation de l'Oise. En effet,
au lieu de chercher à la rendre navigable au-dessus de
Chauny, comme il s'y était engagé, il fit exécuter des travaux de canalisation au-dessous de cette ville, travaux inutiles à la navigation, puisqu'elle était en activité sur ce
point depuis des siècles, mais nécessaires pour lui fournir
le prétexte d'établir à peu de frais des droits sur la seule
partie du parcours de cette rivière où leur perception paraissait devoir être d'un grand produit.

Rien, d'ailleurs, ne fut ménagé par Rusticis pour l'accomplissement de ses projets. Il fit passer son canal au milieu de Chauny, le séparant de son faubourg de la Chaussée
et des moulins si nécessaires à l'approvisionnement de la
ville; il inonda les prés des Navoirs dont les récoltes formaient le principal revenu de cette ville (1); il trancha sans
façon dans les propriétés riveraines, et en usurpa des par-
celles sans indemnité préalable; il élargit l'arche du pont
de Sampigny qu'on avait toujours eu soin de tenir étroite,
afin de conserver en tout temps la hauteur d'eau nécessaire
à la navigation. Ce changement frappa celle-ci d'un coup

---

(1) Le pré des *Navoirs* avait été donné à Chauny au 15e siècle par
Philippe-le-Hardi.

mortel ; car la rivière qui, jusqu'alors, avait porté des bateaux de six cents tonneaux, se trouva hors d'état d'en
porter au-delà de trois cents tonneaux, et même encore
au-dessous. Tous ces travaux, qui n'avaient coûté au sieur
de Rusticis qu'une somme de 500 livres à peine, lui four-
nirent le prétexte de percevoir des droits sur la navigation,
et il en usa largement. Les voitures, les denrées, les
bois, les charbons, le blé, les vins, les merrains et autres
marchandises, furent frappés de droits si exorbitans que,
dès la première année, Rusticis trouva le secret de se créer
par leur moyen 10,000 livres de rente.

Mais, bientôt, les marchands de Chauny, de Noyon et
de Compiègne, dont les intérêts se trouvaient compromis
par les exactions de Rusticis ; les seigneurs riverains de
l'Oise, qui voyaient leurs revenus amoindris par les travaux
de ce spéculateur, présentèrent une requête au roi pour
demander qu'il lui fût fait défense de poursuivre son entreprise, comme de percevoir davantage des droits sur les
marchandises et la navigation de cette partie du cours de
l'Oise ; ce qui leur fut accordé.

Dès-lors, un procès se trouva engagé entre les habitans
de Chauny et le sieur de Rusticis. On y épuisa de part et
d'autres toutes les ruses de la chicane, et après des chances
diverses, les habitans obtinrent enfin gain de cause complet.
Un arrêt du conseil, en date de 1626, fit défense au sieur
Rusticis de continuer ses travaux, et, en même temps, de
lever des droits pour ceux précédemment exécutés par lui.
De leur côté, les Chaunois s'engagèrent envers le roi à
faire rechercher par un ingénieur habile, les moyens de
prolonger la navigation de l'Oise au-dessus de leur ville,
afin de faciliter l'arrivage à Paris des bois de la Thiérache,
but principal de l'établissement de cette navigation.

L'engagement pris par les habitans de Chauny, de rechercher les moyens de perfectionner la navigation de l'Oise au-delà de leur ville, ne pouvait être sérieux. Ils avaient au contraire tout intérêt à ce que les choses restassent dans leur état primitif, le prolongement de la navigation devant avoir pour résultat infaillible d'annihiler leur port et de supprimer leur commerce d'entrepôt, deux choses auxquelles leur ville devait sa prospérité. Mais c'est en vain qu'ils laissèrent tomber leur promesse dans l'oubli : l'entreprise de Rusticis avait éveillé l'attention publique sur les avantages de la canalisation de l'Oise, et il ne devait pas tarder à se présenter un spéculateur pour l'entreprendre sérieusement.

Ce spéculateur fut un grand seigneur du pays. Henri de Lorraine, duc de Guise, dernier rejeton d'une famille qui joua un si grand rôle dans les affaires publiques du 16° siècle, possédait dans ces contrées de vastes domaines territoriaux. L'ardente activité des premiers ducs de Guise se retrouvait en lui ; mais écarté de la carrière politique par l'ombrageuse défiance de Richelieu, Henri de Lorraine consuma sa vie en duels, en profusions insensées, en amours romanesques, en entreprises hasardeuses.

Vers 1660, il entendit parler des avantages que présenterait au commerce et à l'agriculture, la navigation de l'Oise prolongée au-dessus de la ville de Chauny. Il comprit surtout ce que cette navigation aurait d'avantageux à la prospérité de ses vastes domaines, traversés en majeure partie par ce cours d'eau, et il résolut d'exécuter une entreprise que personne n'avait la force ni le courage d'entreprendre. En 1662, il sollicita de Louis XIV le fonds de cette rivière, depuis sa source jusqu'à Sampigny, avec le droit de la rendre flottable et navigable à ses frais. Le gouvernement lui accorda volontiers sa demande, et le duc de Guise se mit aussitôt à l'œuvre. Il le fit avec une telle activité, que, dès l'année suivante, la partie du cours de l'Oise comprise entre Chauny et La Fère, put être livrée à la navigation.

Malheureusement, la mort vint, en 1664, frapper prématurément Henri de Lorraine, et arrêter l'accomplissement de ses projets. Mais l'impulsion était donnée, et l'évidence des avantages de cette navigation était devenue si frappante, qu'il devait bien vite trouver des imitateurs. Bientôt même les plans abondèrent; l'on ne se borna plus au simple projet de canaliser la rivière d'Oise : on forma un plan colossal, gigantesque pour l'époque, celui d'établir un vaste réseau de navigation qui mît en communication directe Paris et l'intérieur du royaume avec les industrieuses provinces des Pays-Bas, et avec les ports de la Manche. C'est ce qui donna lieu à l'ouverture du canal Crozat et à celui de Saint-Quentin, comme aussi à la canalisation de la Somme depuis cette ville jusqu'à la mer. Le canal Crozat, qui met l'Oise en communication avec la Somme et Saint-Quentin, fut commencé en 1727 et terminé en 1734. Nous ne pourrions, sans nous écarter de notre sujet, faire ici l'histoire de ces grands travaux de canalisation, auxquels ces contrées et particulièrement la ville de Saint-Quentin, doivent en majeure partie les développemens de leur merveilleuse industrie ; elle fera le sujet d'un travail spécial que nous livrerons incessamment au public.

Les conquêtes de Louis XIV ayant, comme nous l'avons dit précédemment, reculé les frontières de la France, les fortifications de plusieurs places de nos pays furent jugées inutiles à la défense générale du royaume, et on cessa de les entretenir. Bientôt, on s'aperçut aussi qu'elles n'étaient pas moins nuisibles à la prospérité de ces mêmes villes, en arrêtant l'essor de l'industrie, et en empêchant la population

12

de prendre les développemens réclamés par ses accroisse-
mens rapides. Dès-lors, on résolut de les abattre, et plusieurs villes, au nombre desquelles se trouva Chauny, furent
autorisées à les démolir et à en vendre les matériaux. Dès
1714, cette dernière cité obtint une autorisation de ce
genre, dont elle profita pour faire abattre la demi-lune du
pont royal jugée moins nécessaire à la défense de la place
que les autres parties des remparts. Mais ce fut seulement
en 1766 que la démolition de ces dernières fut commencée
sur une grande échelle. On vit alors tomber successivement
les anciennes portes de Chauny, les bastions et courtines
qui les reliaient entre elles, lesquels firent place à des quartiers nouveaux, dont la construction a plus que doublé le
périmètre de l'ancien Chauny.

La destruction de ses fortifications, en permettant à cette
ville de tirer tout le parti possible de son heureuse situation
sur une rivière et un canal navigables, favorisa merveilleu-
sement, et en quelque sorte à point nommé, les développemens d'une industrie nouvelle qui vint, au commencement
du 18e siècle, s'établir dans le faubourg de la Chaussée.
Nous voulons parler de l'entrepôt et du polissage des glaces
de la célèbre manufacture de Saint-Gobain, dont on nous
saura gré d'esquisser ici l'origine, les tâtonnemens, les
progrès et la prospérité rapide.

Au commencement du 16e siècle, l'art de fabriquer les
glaces était encore inconnu en France. Celles en petit nombre
qu'on y voyait alors, provenaient toutes de Venise : c'est
dire assez qu'elles étaient un objet de luxe d'un prix élevé
et à la portée des classes riches seulement. Nous trouvons
pourtant, dans le nom de Colard le Miroirier, qui fut deux
fois mayeur de Chauny, en 1414 et 1416, l'indice d'une
plus ancienne fabrication de glaces dans nos contrées. Co-

lard dut certainement son surnom *le Miroirier* à ce qu'il avait fabriqué de petites glaces dits *miroirs*. Son nom resta longtemps populaire à Chauny, et jusqu'à ces derniers temps, son crâne y fut conservé avec respect. Bien que la reconnaissance des habitans lui fût acquise à cause des abondantes aumônes faites par lui aux pauvres de cette ville, nous ne pensons pas que sa charité eût suffi pour éterniser sa mémoire. Il a fallu, ce nous semble, une cause plus puissante et plus éclatante pour attacher la popularité à son nom ; cette cause, nous la soupçonnons dans ce que laisse entendre le sobriquet de *Miroirier*.

Quoi qu'il en soit, le secret de la fabrication des glaces à la manière de Venise ne fut apporté en France que vers 1560, par un italien nommé Testo-Mutio, et, l'année suivante, une première fabrique de ces objets de luxe s'établit à Saint-Germain, près de Paris. Mais, faute sans doute d'ouvriers habiles, cette manufacture s'éteignit d'elle-même, sans avoir produit de résultats sérieux.

Un temps considérable se passa avant que l'on fît de nouveaux essais pour rétablir cette industrie. En 1634, les sieurs Eustache Grandmont et Jean-Antoine Anthosménil obtinrent du roi Louis XIII, et pour dix ans, le privilége d'élever à Paris une manufacture de ce genre. Ce nouvel essai, et quelques autres qui lui succédèrent, n'eurent aucun succès.

Colbert, le grand ministre et le véritable créateur de l'industrie française, fit de nouveaux efforts, en 1665, pour implanter en France la fabrication des glaces. Mais ses bonnes intentions furent sur le point de se trouver paralysées par une de ces faveurs de cour si communes à cette époque. Un sieur Dunoyer, bourgeois de Paris, avait demandé à Louis XIV le privilége d'établir une manufacture de glaces. Sa demande était sérieuse, et il possédait tous les élémens nécessaires à la réussite de son entreprise ; mais un valet de chambre du roi, nommé Rivière, sieur de Frény, crut trouver dans cette demande une occasion de gagner de l'argent, et il la saisit avec empressement. Il sollicita donc ce privilége pour lui-même, et comme il approchait chaque jour du maître, il n'eut pas de peine à l'obtenir.

Rivière offrit ensuite de le vendre à Dunoyer, qui accepta. Ce privilége l'autorisait à établir, pour vingt ans, dans l'un des faubourgs de Paris ou partout où il le jugerait convenable, des ateliers pour la fabrication des glaces à la façon de Venise. Dunoyer rechercha aussitôt des associés dont la fortune ou l'habileté pussent favoriser son entreprise : il les trouva dans les sieurs Ranchin, Pecot de Saint-Maurice et Poquelin. Comme ce dernier avait des relations suivies avec Venise, où il faisait un grand commerce de glaces et de points, il put facilement attirer de cette ville en France, des ouvriers au courant de ses procédés de fabrication. On les logea au faubourg Saint-Antoine ; mais on ne tarda pas à reconnaître les inconvéniens de cet emplacement, surtout à cause de l'éloignement et de la cherté du combustible. Cela entraîna le transport de la fabrique naissante à Tour-la-Ville, situé au voisinage de la forêt de Brix, près de Cherbourg.

Grâce à une exemption d'impôts qui lui fut accordée pour une durée de trente années, et à la décharge des droits sur la soude et l'émeri, matières que l'on tirait alors de l'Espagne et de la Grèce, Dunoyer vit son entreprise atteindre un état de prospérité assez grand pour le porter à demander, en 1684, la continuation de son privilége. Sa demande lui fut accordée pour trente nouvelles années, mais cette fois sous le nom de Pierre de Bagneux.

Dunoyer, dans la fabrication des glaces, se contenta toujours de suivre l'ancienne méthode, celle du *soufflage*, sans y apporter aucun changement ni amélioration. Ce fut un nommé Abraham Thévart qui, frappé des imperfections de ce procédé, eut le premier l'idée de lui substituer celui du *coulage*. C'était là un progrès réel et considérable ; car, par la première méthode, on ne pouvait obtenir des glaces plus grandes que soixante pouces, tandis que par celle de Thévart, il était permis d'espérer leur donner des dimensions en quelque sorte illimitées ; c'est du moins ce qu'annonçait l'inventeur. L'essai de ses procédés fut fait au faubourg Saint-Antoine à Paris, et couronné d'un succès complet. Il demanda aussitôt et obtint le privilége de fabriquer des glaces selon sa méthode ; mais pour ne pas créer une concurrence ruineuse à l'ancienne fabrication, il fut dit que Thévart ne pourrait couler des glaces *au-dessous* de soixante pouces, tandis qu'on interdit à la manufacture de Tour-la-Ville, le droit d'en souffler *au-dessus* de cette dimension.

Thévart ne fit pas la faute d'établir ses ateliers à Paris. Il comprit tout de suite la nécessité de les placer dans un lieu où il trouverait sous la main le combustible nécessaire pour alimenter leur activité.

A peu de distance de Chauny s'étend la vaste forêt de Saint-Gobain, dont les bois servaient depuis longtemps au chauffage de la capitale. Au centre de cette forêt, il existait un petit village du même nom, habité par des bûcherons, et auprès duquel s'élevaient les ruines d'un château féodal dont les dépendances occupaient un assez vaste terrain. Ce château, ancienne propriété des sires de Coucy, par qui il

fut construit au 15ᵉ siècle (1), était tombé dans le domaine
royal par suite d'acquisition. Thévart le jugea admirablement
bien situé pour l'établissement de ses ateliers, et il demanda
au roi la permission de les y placer. Louis XIV avait trois
raisons pour la lui accorder : d'abord, le désir de favoriser
l'industrie encore timide de la fabrication des glaces dans
le royaume ; ensuite, la perspective de vendre avantageuse-
ment sur place le bois provenant de la forêt de Saint-Gobain
qui lui appartenait ; enfin celle de se défaire de ruines dont
il ne pouvait autrement tirer parti. Il autorisa donc Thévart
à se loger provisoirement dans le château de Saint-Gobain,
et celui-ci vint s'y installer en 1689.

Une fois bien établi, Thévart ne tarda pas à faire faire
de notables progrès à la fabrication des glaces. Il parvint
d'abord à leur donner une plus belle eau en employant dans
leur coulage le sel extrait de la soude d'Alicante ; puis, il
agrandit peu à peu leurs dimensions, de telle sorte qu'il
réussit à en couler de 120 pouces de haut sur 72 de large.

La prospérité du nouvel établissement excita bientôt la jalou-
sie de celui de Tour-la-Ville, et la mésintelligence éclata entre
les deux usines rivales. Louis XIV craignant que cette dis-
corde ne fût fatale à l'une comme à l'autre, publia en 1695,
pour y mettre un terme, des lettres patentes dans lesquelles
il déclarait que : « Voulant conserver dans le royaume une
entreprise aussi importante, et l'empêcher de s'aller établir
dans les états voisins, il arrête qu'il n'y aura plus en France
qu'une seule et unique manufacture de glaces. » Les deux
sociétés furent dès-lors réunies à Saint-Gobain, dont le roi,
quatre ans après, leur vendit le château. Mais cette réunion,
par le moyen de laquelle Louis XIV avait cru fixer à ja-

(1) Voyez notre *Histoire de Coucy*, page 369.

mais l'industrie des glaces dans le royaume, eut un effet tout contraire et faillit causer sa ruine.

Le privilége des deux compagnies réunies, fut accordé pour trente ans sous le nom de François Platrier. On s'aperçut bien vite que Thévart n'était plus à la tête de l'entreprise, car la mauvaise administration de Platrier ne tarda pas à porter des fruits amers. Dès l'année 1701, on se vit dans la nécessité d'éteindre plusieurs fours et de congédier une partie des ouvriers ; et, comme depuis le moment encore peu éloigné de sa formation, la compagnie nouvelle s'était endettée, elle fut encore contrainte de solliciter un arrêt de surséance pendant deux ans pour pouvoir payer ses dettes.

Ce moment fut des plus critiques pour l'industrie des glaces en France. Les ouvriers congédiés de Saint-Gobain par suite du manque d'ouvrage, passèrent à l'étranger et tentèrent d'y fonder des établissemens rivaux. Heureusement différentes causes les empêchèrent de réussir. Une partie d'entre eux se retira alors dans la principauté de Dombes, où, sous la protection du duc de Maine, ils établirent la manufacture de Montmerle. Heureusement encore, et par suite sans doute d'une mauvaise administration, la compagnie s'endetta, et le roi ayant, en 1708, refusé l'entrée du royaume à l'écoulement de ses produits, elle se vit contrainte d'éteindre ses fours et de se dissoudre.

Pendant ce temps, une autre compagnie s'était formée pour l'exploitation de la manufacture de Saint-Gobain. Louis XIV lui avait encore accordé, en 1702 un privilége de trente années, sous le nom d'Antoine d'Agincourt. Cette nouvelle compagnie parvint à ramener la prospérité dans l'établissement. Les ouvriers dont l'expatriation volontaire était une menace incessante de concurrence fâcheuse, revinrent peu à peu, et, avec eux, les beaux produits et les commandes nombreuses. Cette usine atteignit dès-lors des proportions qu'elle n'avait jamais eues : sa prospérité peut être soupçonnée par le chiffre du bois et des autres objets qu'elle consommait dans sa fabrication : il lui fallait par année, *quinze mille cordes* de bois de hêtre, *quinze millions* de livres pesant de soude, *deux millions* de livres de sable et *quinze mille livres* pesant de terre réfractaire.

Dès les premiers temps de l'établissement de la manufacture de glaces à Saint-Gobain, ce village étant éloigné de toute voie de communication, on sentit le besoin d'établir à proximité des magasins d'où ses produits pussent être facilement expédiés sur tous les points de la France, et particulièrement sur Paris, seule ville où se fit longtemps le polissage des glaces. Le port de Chauny, éloigné de trois lieues à peine de Saint-Gobain, offrait tous les avantages désirables ; on y établit cet entrepôt. Peu à peu, son importance s'accrut des développemens et de la prospérité de la manufacture, de sorte qu'on finit par songer à y établir le polissage lui-même. La réalisation de ce projet n'eut cependant lieu que dans la seconde moitié du 18e siècle ; car en 1753, les glaces étaient encore envoyées à Paris pour y être polies.

Depuis lors, les ateliers de Chauny n'ont cessé de s'étendre. Les beaux produits de cette usine sont devenus si recherchés, qu'on a été obligé d'abandonner l'ancienne méthode du poli à bras, devenue insuffisante, et de la remplacer par des machines. La première machine de ce genre fut construite à Chauny en 1800 sur la chûte d'un moulin. On en dut, dit-on, l'idée et le plan à un simple charpentier de l'établissement, nommé Brancourt, lequel était né à Chauny. Ce perfectionnement étant à son tour devenu insuffisant pour fournir aux demandes du commerce, on y ajouta en

1821, de nouvelles machines perfectionnées offrant le double avantage de polir un plus grand nombre de glaces dans un temps donné, et d'exiger un moindre volume d'eau pour mettre la roue motrice en mouvement. D'autres perfectionnemens et plus considérables encore, n'ont cessé depuis d'être introduits dans les usines de Chauny et d'augmenter leur importance. On y transféra en 1822, la fabrique de soude de Charles-Fontaine, et en 1840, on y établit un atelier pour le soufflage des glaces minces et des verres à vitre; on y voyait déjà depuis longtemps une fabrique d'acide sulfurique et muriatique. Bref, la compagnie a concentré dans cette usine tous les travaux nécessaires à la fabrication des glaces, de manière à pouvoir se passer des produits étrangers, et se soustraire aux éventualités des évènemens. Aussi, les bâtimens de cette manufacture, semblables à une petite ville par leur étendue, occupent aujourd'hui un emplacement considérable sur la rive gauche de l'Oise et renferment plus de 1500 ouvriers.

# CHAPITRE V.

Révolution française. Changemens civils et judiciaires à Chauny. Cette ville est déclarée chef-lieu d'un district. Les électeurs s'y rassemblent pour le choix du chef-lieu du département. Société populaire. Club. Analyse de ses séances. Emeute. Arrestation d'un individu à Chauny. Vandalisme révolutionnaire. Destruction des titres féodaux, des tableaux et objets d'art. Nouvelles arrestations. Les sœurs de l'Hôtel-Dieu sont chassées de leur maison. Condamnation des sœurs Barberoux. Supplice d'Hébert ; fête dans Chauny à cette occasion. Evènemens de Thermidor. Adresse à la Convention. Réaction. La société populaire demande l'élargissement des détenus. M. de Flavigny, inventeur d'une machine à battre le grain. Constitution de l'an III. Suppression du district de Chauny.

Dans cet intervalle, la révolution française éclata. Il n'entre pas dans notre plan de raconter ici ses commencemens, auxquels la ville de Chauny ne prit aucune part. Nous dirons seulement que ses premiers actes furent la destruction du bailliage, de la maîtrise, des communautés religieuses, en un mot, de toutes les institutions qui avaient si longtemps fait la gloire de cette ville. D'autres institutions, il est vrai, les remplacèrent ; mais les Chaunois eurent-ils lieu de s'applaudir de ces changemens, et y gagnèrent-ils quelque chose? C'est ce que la suite de ce récit mettra le lecteur à même de décider.

L'un des actes les plus importans de l'Assemblée nationale, fut, comme on le sait, l'abolition des anciennes divisions féodales du royaume, et leur remplacement par des circonscriptions purement administratives. La France fut divisée en quatre-vingt-trois départemens, et celui de l'Aisne, dans lequel le territoire de Chauny se trouva enclavé, s'étendit des sources de l'Escaut et de la Sambre jusque par-delà les rives de la Marne. Au lieu de cinq élections qui, auparavant, partageaient irrégulièrement cette grande surface, il fut créé six districts ou arrondissemens ayant chacun leur chef-lieu, et subdivisés à leur tour en plusieurs cantons. Chauny fut déclaré sans contestation, le chef-lieu d'un de ces districts.

La fixation du chef-lieu du département éprouva de plus grandes difficultés. La rivalité qui existait depuis longtemps entre les villes de Soissons et de Laon, se réveilla dans cette circonstance avec une force nouvelle. C'était en effet pour l'une comme pour l'autre, une question de vie ou de mort. La lutte fut si vive, que l'Assemblée nationale n'osant se prononcer, abandonna aux électeurs le soin de décider entre ces prétentions rivales ; et pour leur laisser une entière indépendance, un décret fixa leur réunion à Chauny, comme sur un terrain neutre.

Au mois de février 1790, les électeurs au nombre de 450, se réunirent donc en cette ville. On remarquait parmi eux un jeune homme, presqu'un adolescent, à la figure heureuse, dont le nom, tout-à-fait obscur en politique, mais déjà connu par l'éclat qu'avait fait dans le monde l'apparition d'un livre obscène publié par lui l'année précédente, ne devait pas tarder à acquérir une affreuse célébrité : nous voulons parler de Léon-Louis-Florelle de Saint-Just, qui avait été député à cette assemblée par la commune de Blérancourt. Saint-Just, grand partisan de Soissons où il avait fait son éducation, où il comptait des connaissances et des amis, prit chaudement la défense de cette ville dans un discours écrit que le défaut de place ne nous permet pas de reproduire, mais dont la faiblesse des raisons égale à peine les nombreuses fautes d'orthographe qu'on y remarque. Quelques années plus tard, quand, parvenu au suprême pouvoir, tout trembla devant lui, ses argumens eussent été des ordres auxquels les électeurs se fussent empressés d'obéir en votant pour la ville qui avait les sympathies du tribun ; heureusement pour Laon, Saint-Just n'était encore à cette époque qu'un obscur électeur sans influence, et son discours, qui obtint pourtant les applaudissemens de l'assemblée, grâce sans doute aux mots toujours sympathiques de liberté et de patrie dont il est parsemé, ne put rendre un instant douteuse la décision des électeurs. En effet, quatre cent trente-sept votèrent pour Laon, et *treize* seulement ( nombre néfaste) pour Soissons.

Dès le mois de juillet 1791, une société populaire se forma à Chauny, et se mit en correspondance avec les autres sociétés semblables , notamment avec celle des Jacobins de Paris, à laquelle elle ne tarda pas à s'affilier. Par le plus grand des hasards, le registre de ses séances nous a été conservé ; on peut donc, en le lisant, se faire une idée de ce qu'était en province, une société de ce genre, pâle copie du club des Jacobins de la capitale.

A l'extrémité d'une salle mal éclairée par quelques chandelles fumeuses, s'élevait une estrade surmontée d'une table boiteuse en forme de bureau, et sur celle-ci on distinguait quelques papiers épars, un encrier et une sonnette. Auprès de cette table, on voyait assis dans un fauteuil vermoulu, un homme coiffé d'une sorte de bonnet phrygien, de couleur rouge, dit *bonnet de la liberté*; c'était le président. Auprès de lui siégeait le secrétaire. Les membres de la société se tenaient dans la salle, les uns debout, les autres assis, et le chapeau ou la casquette sur la tête. Quatre censeurs maintenaient l'ordre parmi eux.

Des tribunes en bois régnaient autour de la salle. Elles étaient remplies par les citoyens qui ne faisaient pas partie de la société et par des citoyennes occupées à coudre, à tricoter ou se livrant aux douceurs des commérages. On parvenait à ces tribunes par un escalier étroit, sombre, mal éclairé des lueurs vacillantes d'une chandelle, que les jeunes gens se plaisaient à éteindre ou à enlever, afin de pouvoir, dans les ténèbres, serrer impunément la taille des jeunes filles patriotes habituées du club.

La séance s'ouvrait par la lecture de la correspondance et des papiers publics. Si un candidat se présentait pour être admis dans la société, le président l'interrogeait ainsi : « Quel est ton âge? — Où étais-tu avant 1789? — Quel cercle as-tu parcouru depuis dans la République? — Quel était ton état alors? — Quel est-il à présent? — Quelles places as-tu remplies, et quels services as-tu faits depuis 1789? — As-tu assisté, autant que tu l'as pu, à toutes les cérémonies et fêtes civiques? — N'as-tu jamais rien signé ou fait signer de contraire à la révolution ou tendant au fédéralisme? — As-tu exactement payé toutes tes impositions et dons patriotiques jusqu'à ce jour? — As-tu fait pour le soulagement de tes frères d'armes tous les sacrifices que ta fortune a pu te permettre de faire? — Es-tu membre d'une société populaire? — Depuis quel temps l'es-tu? »

Si le candidat répondait à toutes ces questions d'une

manière satisfaisante, et si aucune voix accusatrice ne s'élevait contre lui dans la salle, on passait au scrutin secret sur son admission. Le vote avait lieu avec de gros haricots, décorés du nom moins trivial de fèves. Il en était remis deux à chaque membre, un blanc et un rouge. La majorité de ces derniers entrainait l'exclusion du candidat : celle des haricots blancs lui valait son admission dans la société.

Il était ensuite permis à chacun de demander la parole pour faire des observations ou des propositions. On voyait alors surgir les motions les plus bizarres. L'un demandait qu'on démolit sans retard un mausolée resté debout dans le cimetière de Saint-Martin, parce que sa masse et les signes de fanatisme gravés dessus, affligeaient les yeux des bons patriotes. L'autre voulait qu'on descendit au plus vite toutes les croix placées sur les clochers, toutes les girouettes ornées de fleurs de lis, emblêmes de servitude et d'intolérance à jamais abattues. Un troisième exigeait qu'on dénonçât les gens assez audacieux pour se servir de cartes à jouer sur lesquelles on voyait les emblêmes de la royauté et de la tyrannie, s'ils ne s'empressaient de les apporter à la société pour être publiquement brûlées par elle dans la rue. Enfin, un dernier demandait que le drap noir dont on avait jusqu'alors recouvert le cercueil des morts, fût remplacé par un drap tricolore, et qu'abandonnant enfin les anciens cimetières chrétiens, dont le nom comme la destination réveillaient encore des souvenirs de fanatisme, on s'occupât de désigner un terrain pour y établir le *jardin du sommeil*.

La séance se terminait par des chants patriotiques, notamment par celui de la Marseillaise.

Les séances de la société populaire des sans-culottes de Chauny attira quelque temps la foule. On s'y rendait par curiosité ou par désœuvrement. Les jeunes filles y venaient pour minauder et causer d'amourettes ; les femmes pour s'entretenir des nouvelles de la ville. Aussi, les censeurs avaient-ils grand'peine à maintenir le silence dans cette foule bruyante et rieuse. Un jour, les citoyennes Tintin et Morue, sans respect pour l'assemblée, se prirent de querelle, s'arrachèrent les cheveux, au grand scandale de la société qui les expulsa de la salle pour trois décades. Une autre fois, au beau milieu d'une grave délibération, les membres se virent assaillis de projectiles invisibles. C'étaient des pois que d'espiègles enfans cachés dans la foule des tribunes, leur lançaient à travers des bâtons de sureau creusés en forme de sarbacane. Un soir enfin le silence fut troublé par un bruit aigu qui éveilla l'attention de tout le monde. Une jeune fille cassait des noix et en jetait irrévérentieusement les débris dans la salle. Laissons ici parler le procès-verbal de la séance ; la naïveté de son style peint à merveille cette scène grotesque. « Au moment où la séance allait s'ouvrir, on fait l'observation qu'une citoyenne des tribunes casse des noix. Le président invite cette citoyenne à cesser, en lui faisant observer que la veille il lui avait été fait pareille observation. Elle répond lestement que s'il veut les casser lui-même, elle n'en aura pas la peine. Un membre demande que, vu l'indécence de cette réponse, cette citoyenne soit nommée et mise hors de la salle. Elle est à l'instant désignée pour être la citoyenne Quievra, l'aînée. Sur un nouveau propos déplacé tenu par cette citoyenne, un membre demande qu'elle soit privée de l'entrée de la salle pendant trois décades. Le président enjoint à cette fille de sortir de la salle. Elle répond avec audace, en descendant l'escalier de la petite tribune, que s'il faut qu'elle n'y vienne pas pendant six décades, elle s'y prêtera volontiers. Le président lui observe que la loi prononce des peines sévères contre ceux ou celles qui troublent les sociétés populaires. Cette fille, en éclatant de rire, ne donne pas le temps au président de continuer ce qu'il avait à lui dire, et sort de la salle en gambadant indécemment. »

Ces détails, quelque bouffons qu'ils puissent paraître, ne sont pourtant pas indignes de l'histoire. Ils nous font pénétrer dans l'intérieur de ces clubs redoutés dont le réseau couvrait alors la France ; ils nous montrent ces hommes, autrefois citoyens paisibles et honorables, alors animés par les passions politiques, quittant le foyer domestique, le travail, la famille, pour venir faire ou entendre des motions ridicules ou insensées, quand elles n'étaient pas féroces ; ils nous initient, en un mot, à la connaissance des mœurs révolutionnaires telles que les avaient créées les évènemens et les hommes placés au pouvoir. Ces habitudes, ces goûts nouveaux étaient-ils, nous le demandons, un progrès pour l'humanité ? devaient-ils inspirer au peuple le besoin de la subordination, le goût du travail, policer son esprit, agrandir le champ de ses connaissances, élever son intelligence, améliorer ses mœurs, en un mot, faire marcher la société vers sa perfection ? La réponse à cette question ne saurait être douteuse ; tout homme qui voudra consulter sa conscience, ne mettra aucune hésitation à la faire.

Peu d'évènemens signalèrent la période révolutionnaire à Chauny. Une émeute, d'ailleurs sans gravité, y éclata en 1792 à propos de la circulation des grains, dont la cherté faisait beaucoup souffrir les populations. On vit alors la populace arrêter les bateaux de blé qui descendaient le canal Crozat et l'Oise pour se rendre dans la capitale ; mais la voix des magistrats fut assez puissante sur elle pour empêcher le pillage, et au bout d'un temps d'arrêt de vingt-quatre heures, ces bateaux purent continuer leur route.

Néanmoins, des arrestations avaient eu lieu, et plusieurs individus accusés d'être les auteurs de ces troubles, furent traduits devant le tribunal criminel du département. Mais une députation de citoyens honorables de la ville se rendit à Paris auprès de la Convention, au mois de juin 1793, afin de réclamer leur liberté, car plusieurs étaient pères de famille, et tous avaient été égarés par le besoin. La Convention accueillit cette députation avec faveur, et rendit un décret pour ordonner la suspension de la procédure et le renvoi des pièces au ministre de la justice.

Au mois de mars 1793, l'attention publique fut éveillée à Chauny par l'apparition d'un inconnu dont les allures, les discours et le mystère dont il s'entourait excitèrent les soupçons. On l'arrêta. Il se dit aide-de-camp du général Dampierre et fils du conventionnel girondin Brulard de Sillery; il en était seulement l'enfant naturel et se nommait Charles-Alexis Descharmes. On saisit sur lui un agenda couvert de caractères allemands et de chiffres inconnus. Transféré immédiatement à Paris, il languit longtemps dans les prisons et ne fut traduit devant le tribunal révolutionnaire que neuf mois après son arrestation, le 6 pluviôse an II (24 janvier 1794). Reconnu alors coupable d'avoir fabriqué un certificat portant la fausse signature de Dampierre, général en chef, et Lingeron, commissaire ordonnateur de l'armée du Nord; plus, deux permissions de rester à Paris portant la fausse signature d'Audouin, adjoint au ministre de la guerre, il fut condamné à huit années de fers. Descharmes était un jeune homme de dix-neuf ans; il ne nous a pas été possible de découvrir si sa présence à Chauny avait un but politique.

Après avoir langui quatorze mois dans les prisons, Des-

14

charmes fut ramené devant le tribunal révolutionnaire le 8 messidor an II, avec trente-six autres personnes. Ils étaient tous sous le poids de la banale accusation de conspiration dans les prisons; ils furent tous condamnés à mort.

Cependant, les évènemens se précipitaient : la mort du roi, votée par la Convention au mois de janvier 1793, ouvrit la porte à toutes les violences, à toutes les fureurs. Le rôle destructeur de la révolution commença aussitôt à Chauny comme partout ailleurs. Le conseil du département de l'Aisne, cédant à la pression des clubs et des sociétés populaires, ordonna au mois de mars suivant l'anéantissement de tous les titres féodaux, de tous les tableaux, statues et objets d'art qui pourraient être rassemblés; car quelques soi-disant patriotes ne songeant, sous prétexte d'égalité, qu'à rabaisser à leur niveau tout ce qui blessait leur vue par un air de magnificence, de grandeur ou de génie, demandaient leur destruction avec un ensemble concerté, qu'on avait soin de représenter comme l'expression du vœu populaire. L'administration de Chauny dut obéir comme les autres à cet ordre. Le 24 mars, on vit arriver dans la cour du district plusieurs voitures chargées de parchemins et de papiers de toute espèce enlevés aux archives des châteaux et des communautés religieuses, des tableaux et des objets d'art dérobés aux églises. On en forma un haut bûcher auquel le président du district, assisté des membres de cette administration et de ceux de la municipalité, mit le feu. La population avait été invitée à cette cérémonie, digne d'une autre époque et d'un autre peuple; mais, à l'exception de quelques-uns, la masse n'y prit aucune part.

La rage de la destruction ne pouvait se contenter de cet auto-da-fé d'un nouveau genre. On dépouilla les églises de leurs ornemens, les maisons religieuses de leurs meubles et de leurs effets; on gratta sur les murs les armes, les écussons, les fleurs de lis ; on arracha des toits les girouettes revêtues d'ornemens religieux ou féodaux ; on effaça, à l'angle des rues, les inscriptions où figuraient des noms de saints. Tout cela blessait les yeux des grands patriotes de cette époque, et leur rappelait des souvenirs de servitude et de fanatisme. Beaucoup pensaient aussi, pour couronner l'œuvre de la destruction, à faire raser les temples de la religion, où l'on n'entendait plus les prières des fidèles, dont le troupeau était depuis longtemps déjà dispersé par la tempête révolutionnaire. Mais ils n'eurent point cette satisfaction. Il fallait de grands locaux pour préparer le salpêtre destiné à la fabrication de la poudre dont manquaient les armées ; on avait besoin de grands bâtimens pour resserrer les munitions nécessaires aux troupes : les vastes proportions des églises les désignaient naturellement à ces divers emplois, et on les prit. L'église Saint-Martin fut transformée en magasin à fourrages; dans celle de Notre-Dame, on établit une fabrique de salpêtre. Grâce à cela, ces monumens religieux furent préservés d'une destruction presque certaine.

La violence contre les personnes devait suivre de près la violence contre les choses. L'invasion du territoire par l'ennemi en devint naturellement la cause ou le prétexte. Tous ceux qui ne s'étaient pas fait remarquer par l'exaltation de leurs discours ; tous ceux qui avaient tiré quelqu'illustration de leur nom, de leur mérite personnel, ou de leur fortune sous l'ancien régime, furent signalés comme de mauvais patriotes. Bientôt, les prisons de Chauny s'emplirent de malheureux arrachés à leurs foyers sur le seul soupçon d'être des suspects. Dès le 9 septembre, le sieur Chollet, procureur syndic du district de Chauny, y fut enfermé sous cette élastique accusation. Des personnes de tout âge, de tout sexe et de tout état, vinrent bientôt l'y rejoindre. On y vit successivement arriver le père Lecuy, ex-général des Prémontrés, Charlotte-Denise Quevanne, femme Regnier, directeur de la monnaie de Paris, Regnier, son fils, tous deux demeurant à Penancourt, Armande-Elisabeth-Reine-de-France Quevanne, demeurant au château de Locq, et beaucoup d'autres encore. Comme le sieur Chollet, ils étaient tous des suspects. Leur détention ne dura néanmoins que quelques jours : dès le 14, on les rendit à la liberté ; car il n'y avait à leur charge rien de sérieux. M. Chollet resta incarcéré jusqu'au 5 pluviôse an II (22 janvier 1794), époque où le représentant Roux ordonna son élargissement.

Les progrès de l'ennemi dans le nord du département devinrent encore le signal de nouvelles arrestations. Les représentans du peuple Lejeune et Roux en donnèrent l'ordre le 20 vendémiaire an II (12 octobre), et l'administration du district y fit procéder le 30. Les prisons de Chauny s'ouvrirent alors à une foule de gens de cette ville et des environs. C'étaient la veuve Brion et sa fille, de Beaumont ; la veuve Delille et ses trois filles, de Blanchecourt ; Lebrot, de Saint-Gobain ; la famille Delafons composée du sieur Delafons aîné, de Coucy, sa femme et ses deux filles ; Joseph Delafons et sa fille ; le vicomte de Courval, de Pinon, sa femme, son fils et sa fille ; le sieur Paraviciny, la fille Demarque et la veuve Lhotellier, du même lieu ; le sieur Ostier, chevalier de Saint-Louis ; le sieur Montalart, de Lizy, sa femme et sa fille ; la veuve Fay, de Pleine-Selve ; de Jumaucourt et ses deux filles ; le sieur Laval et sa femme ; le sieur Massary, de Wissignicourt ; la femme Wattier, de Brancourt ; la veuve Duplessier, d'Anizy, son fils et ses deux filles ; les sieurs de Marquette, Hébert et sa femme, de Chauny ; le sieur Vassens, sa femme et ses enfans ; le sieur de Flavigny, curé de Liez ; enfin le sieur Deslandes, de Chauny. Ce dernier était décoré du cordon noir, et l'assemblée du Vermandois l'avait récemment reçu dans l'ordre de la noblesse, à cause des grands services qu'il avait rendus à l'industrie, en portant la fabrication des glaces à un degré de perfection jusqu'alors inconnue.

Ces prisonniers présentaient, comme on le voit, l'amalgame le plus étrange de gens de tous les états. Il n'est pas moins étrange de voir que sur quarante-deux, il y avait vingt-six femmes. Comment croire que toutes ces femmes dont quelques-unes étaient courbées sous le poids de l'âge, dont d'autres sortaient à peine de l'enfance, comment croire, disons-nous, qu'elles fussent des conspiratrices si dangereuses, que leur incarcération était nécessaire à la sûreté du pays? Nous devons dire toutefois que transportés à Laon peu de jours après, plusieurs de ces prisonniers au nombre desquels nous citerons M^me de Courval, furent bientôt rendus à la liberté.

Si ces arrestations en masse jetaient dans la terreur la population entière, celle des sœurs de l'Hôtel-Dieu porta la douleur dans toutes les âmes. Dès le mois de janvier 1792, cette maison avait été signalée à l'autorité comme un foyer de conspirations permanentes contre le gouvernement républicain. Des rassemblemens de prêtres réfractaires avaient lieu, disait-on, dans son intérieur, et les sœurs, négligeant le soin des malades qui leur étaient confiés, prenaient une part active à leurs manœuvres contre-révolutionnaires. Le directoire du département envoya sur les lieux une commission chargée d'informer sur ces faits. L'enquête la plus minutieuse ne fit rien découvrir de suspect. L'agitation du dehors n'avait point pénétré dans l'intérieur de cet hospice : tout s'y passait avec le calme et la régularité ordinaires ; il était toujours l'asile paisible de l'infortune. Cela ne faisait pas le compte des gens qui voulaient chasser les malheureuses sœurs de l'établissement où elles avaient en tout temps rendu de si nombreux services avec la plus touchante abnégation. Le prétexte des complots leur manquant, ils en cherchèrent un autre. Il ne leur fut pas difficile d'en trouver. La loi astreignait au serment civique toutes les personnes, hommes ou femmes, portant un habit religieux ; on le demanda aux sœurs de l'Hôtel-Dieu. Ces timides filles, étrangères aux passions du monde, furent effrayées d'une chose aussi nouvelle et qu'elles ne comprenaient guère : aussi craignant d'y rencontrer un cas de conscience, elles s'y refusèrent. C'est ce qu'on attendait. Aussitôt un ordre leur enjoignit tout à la fois de quitter et leur habit et leur maison.

Toutefois, on n'osa pas encore les remplacer par des séculières, car c'était pour les malades une consolation de voir au chevet de leur lit des femmes dont l'habit religieux annonçait que, détachées entièrement du monde, elles s'étaient vouées sans réserve à l'honorable mission de les soigner dans leur maladie. Il y avait à Chauny, comme nous l'avons vu, une autre communauté de filles dites de Sainte-Croix, qui, depuis longtemps, enseignaient la jeunesse pauvre de la ville. On jeta les yeux sur elles, et plusieurs furent appelées à remplir la place des sœurs de l'Hôtel-Dieu. Cette substitution d'autres religieuses ne pouvait être du goût de ceux qui accaparaient le titre de patriotes ; et bientôt les nouvelles sœurs furent hautement accusées non-seulement de tolérer, mais aussi d'encourager chez elles les rassemblemens de prêtres réfractaires, et de prendre une part active à leurs complots. Mais les dénoncer à leur tour à l'autorité centrale, dont on suspectait la tiédeur, c'était s'exposer à ne point encore arriver au but, qui était de faire disparaître entièrement les communautés religieuses et leur habit. La société populaire de Chauny trouva donc plus simple de s'emparer elle-même de l'instruction de cette affaire, usurpant sans façon comme sans crainte, des attributions qui, dans un temps régulier, auraient été du ressort des seuls tribunaux. Elle assigna des témoins, et elle trouva une femme de service de l'Hôtel-Dieu pour déposer que les sœurs lui avaient fait apprendre un catéchisme dans lequel il y avait cette prière : *Notre roi qui êtes aux Tuileries, que votre nom soit respecté, que votre règne revienne, que votre sainte volonté soit faite à Paris comme en province. Faites élever à la potence tous les coquins qui cherchent à nous ôter notre pain de chaque jour; mais délivrez-nous surtout de l'assemblée nationale. Ainsi soit-il.* On n'en demanda pas davantage : les sœurs se virent dénoncées au comité de surveillance et jetées en prison, en attendant qu'on prononçât sur leur sort.

Celui de deux malheureuses filles natives de Chauny fut plus funeste, et leur position plus humble encore que celle des sœurs de l'Hôtel-Dieu de cette ville, ne put les sauver du supplice. Les demoiselles Barberoux étaient sœurs institutrices à Orléans. La révolution avait fermé leur école, et elles vivaient retirées dans un quartier isolé de cette ville, trouvant avec peine dans le travail de leurs doigts, de quoi suffire à leurs plus pressans besoins. Cela ne les empêcha pas de recueillir chez elles deux malheureux prêtres, que la gendarmerie recherchait à cause de leur refus de serment. La loi défendait, sous les peines les plus terribles, de donner asile à des suspects; mais en ouvrant leur porte à des proscrits, les sœurs Barberoux obéissaient au sentiment le plus naturel, celui de secourir ses semblables, et ne croyaient nullement désobéir à la loi. Il se trouva pourtant des gens pour les dénoncer, et un jour elles virent leur modeste demeure cernée et envahie par la force armée. Les deux prêtres furent arrêtés avec elles et traduits en même temps devant le tribunal criminel de Paris. Ces humbles filles et ces vénérables ecclésiastiques y furent transformés en de grands coupables : ceux-ci avaient refusé le serment pour obéir à leur conscience ; celles-là avaient pratiqué les lois de l'hospitalité ; ils furent tous quatre condamnés à mort le 7 ventôse an II.

Tandis que ceci se passait, les factions toujours avides du pouvoir s'envoyaient alternativement au supplice. Après les girondins qui avaient succombé les premiers, c'était le tour des hébertistes. Hébert, leur chef, avait été longtemps l'idole de la populace dont il caressait les plus ignobles passions dans son journal intitulé : *le Père Duchesne*. Le 4 germinal an II (24 mars 1794), on le vit monter sur l'échafaud en compagnie de dix-sept de ses complices ; et par un de ces retours d'opinion si fréquens et si significatifs à la fois, ce même peuple qui la veille encore se serait fait tuer pour lui, le couvrit d'injures et de boue dans le trajet de la prison à la place où se devait faire l'exécution.

Le supplice d'Hébert fut partout applaudi dans les provinces ; car si les masses prenaient une part quelconque aux évènemens politiques du moment, elles avaient conservé dans le cœur assez d'honnêteté et de droiture pour comprendre que ces hommes de boue et de sang étaient de faux amis qui flattaient ses passions afin de les mieux asservir. De nombreuses adresses vinrent de tous les côtés féliciter la Convention sur l'arrestation et le jugement des hébertistes. La société populaire de Chauny ne se contenta pas de faire comme les autres : elle décida encore qu'on *fêterait* le supplice d'Hébert dont l'infame journal avait été naguère

le principal aliment de ses séances. Ce retour à la justice
était une réparation due à la morale publique ; mais par
une de ces contradictions alors si fréquentes, la société
arrêta aussi qu'on profiterait de la circonstance pour re-
placer dans la salle des séances, les bustes de Marat et de
Lepelletier qu'elle regardait toujours comme des martyrs
de la liberté.

Le decadi 20 germinal an II (9 avril 1794) fut choisi
pour cette cérémonie. Ce jour-là, le ciel était sombre ; un
épais brouillard étendait son manteau humide sur la ville
et distillait une pluie fine et pénétrante ; le ciel ne prenait
pas part à la fête. Vers deux heures de l'après-midi, l'administration du district, le corps municipal et une députation de la société populaire se réunirent à l'hôtel de ville ;
la cérémonie commença. Derrière une musique militaire
faisant la tête du cortège, et au milieu d'une haie formée
par la garde nationale et par les chasseurs du 24ᵉ régiment
en garnison à Chauny, on vit d'abord s'avancer douze jeunes
filles parées de blanc, revêtues des couleurs nationales et
portant des branches de feuillages. A leur suite marchait la
députation de la société populaire entourant les bustes de
Marat, Lepelletier, Chaslier, Barra, Brutus, Mutius-Scævola,
ainsi que les figures de la liberté et de l'égalité. Au-dessus
de leur tête, flottaient deux drapeaux, l'un tricolore, l'autre
de couleur rouge, avec une peinture représentant un œil
ouvert, *l'œil de la surveillance*. Derrière eux s'avançaient
deux hommes de peine portant sur une civière un mannequin de carton peint et habillé représentant *l'infame* Hébert
couché sur un tas de numéros lacérés de son ignoble journal
*le Père Duchesne*, et ayant sur sa poitrine un écriteau où
étaient inscrits son nom et ceux de ses complices, avec ces
mots en gros caractères : *Ils ont trahi leur patrie.*

15

Le corps de ville marchait ensuite accompagné des officiers de la garnison ; l'administration du district fermait la
marche.

Le cortége prit par la rue de *la Vérité* et revint sur la
place par celle de *Chaslier*. Arrivé là, la garde nationale et
la troupe formèrent le carré, les autorités s'arrêtèrent, et
l'on éleva sur des piédestaux préparés à cet effet, les bustes
de Marat et de Lepelletier, au bruit de la musique et du
chant de la Marseillaise. Cela fait, on prononça différens
discours dont nous ferons grâce à nos lecteurs. Le mannequin d'Hébert fut jeté par terre, où on l'ensevelit en quelque
sorte sous les feuilles déchirées de son journal ; puis, le
maire mit le feu à ce bûcher réparateur. Il fut ensuite permis
aux citoyens dont la muse s'était inspirée de la solennité
du jour, de réciter leurs vers patriotiques. On vit alors s'a-
vancer de la foule un homme qui, arrivé près de l'auto-da-fé
populaire, s'arrêta et entonna d'une voix ferme et sonore
ces couplets sur l'air de la Carmagnole :

> Le père Duchesne avait promis
> De faire égorger sa patrie ;
>  Ses projets ont manqué
>  Et sa tête est tombée.
>  Chantons tous à la ronde
>  A l'union, à l'union ;
>  Brûlez, brûlez, immondes,
>  C'est la raison, c'est la raison.
>
> Vous, conspirateurs effrénés,
> Dites votre *miserere*.
>  Votre règne est à bas,
>  Votre tête paiera,
>  Et chacun à la ronde
>  Vous maudira, et vous dira :
>  Allez, allez, immondes,
>  Droit au trépas, droit au trépas.

Nous faut chanter un *libera*
Après un semblable trépas ,
*Quiescant in pace ;*
Vivons en liberté
Et chantons à la ronde :
A l'union, à l'union ;
La paix est dans le monde,
Et la raison, et la raison.

Si ces vers ne se recommandaient point par leur élé-
gance , ils avaient de plus , peut-être , le tort de rappeler
qu'Hébert, la veille encore de sa chûte, était presque déifié
par ceux même qui , ce jour-là , le foulaient aux pieds.
Mais , dans ces temps où le courage civil fut si rare , les
reviremens d'opinion étaient fréquens. Nous verrons tout à
l'heure les mêmes hommes abattre avec un égal empressement de nouvelles idoles, et renier *l'infâme* Saint-Just pour
leur représentant à la Convention.

Quand il ne resta plus du mannequin d'Hébert et de son
journal que des cendres , le cortége se dispersa : les membres de l'administration du district retournèrent dans la
salle de leurs séances , la municipalité rentra à l'hôtel de
ville et la troupe au quartier. La députation de la société
populaire prit seule le chemin du local de ses réunions, portant les bustes de Brutus , de Barra , de Mutius-Scævola
qu'il avait été convenu d'y placer. Les jeunes citoyennes
vêtues de blanc la précédaient encore, ainsi que la musique
militaire qui continuait à faire retentir les rues des airs à la
mode. Le président et le reste de la société les attendaient.
Les bustes une fois à la place réservée pour eux , plusieurs
orateurs prononcèrent encore des discours ; plusieurs poëtes
dont la pluie pénétrante du dehors n'avait point éteint l'ins-
piration , récitèrent encore des vers ; puis, pour parfaire

une aussi belle fête, on se donna *l'accolade fraternelle*. Si nous devons en croire un témoin oculaire, les membres de la société populaire n'en firent guère entre eux que le simulacre; mais il n'en fut pas de même à l'égard des jeunes et fraîches citoyennes : chacun les embrassa avec effusion, plusieurs même revinrent à la charge, sous prétexte qu'ils avaient oublié leur tour.

Nous avons parlé tout à l'heure des reviremens étranges de l'opinion publique, que présenta si fréquemment la révolution. Les événemens du 9 thermidor en offrirent un nouvel exemple plein d'instruction et d'enseignemens. Jusque-là, Saint-Just avait été presque un Dieu pour les Chaunois, particulièrement pour les membres de la société populaire. C'était un compatriote, on admirait sa fortune; on prônait son énergie, sa capacité, ses talents; chacun s'enorgueillissait de l'avoir pour représentant à la Convention. Tout à coup, une rumeur sourde circule dans la ville; on parle vaguement d'événemens graves arrivés à Paris : Robespierre et Saint-Just auraient à leur tour péri sous le fatal couteau, tant de fois ensanglanté par eux. La société populaire se rassemble, le 12 thermidor, sous l'impression de ces bruits et dans un état d'agitation extrême : la lecture des journaux, avidement écoutée, dissipe tous les doutes. Elle est fréquemment interrompue par des murmures contre les traîtres, dit le procès-verbal, par des applaudissemens pour les mesures prises contre eux, par les cris répétés de *Vive la République! vive la Convention nationale! à bas les tyrans!* Aussitôt un membre propose une adresse à la Convention pour la féliciter, et la société la vote d'enthousiasme.

*La société populaire montagnarde et régénérée de Chauny*
*à la Convention nationale.*

« CITOYENS REPRÉSENTANS ,

» De nouveaux complots, plus infames que ceux que vous aviez dé-
joués, avaient donc encore menacé la République d'une chûte certaine.
Un despote sous le masque populaire, voulait s'asseoir sur le trône que
nous avons détruit. Le scélérat ! avait-il pu croire que le Français qu'il
séduisait par ces noms qui lui sont si chers : liberté, vertu, justice, ver-
rait d'un œil tranquille un tyran lui ravir des droits qu'une constance et
des sacrifices renouvelés lui avaient acquis. Egorger nos représentans.. !
rétablir sur leurs cendres le despotisme royal, était, nous l'avouons, digne
de ce nouveau Catilina et de ses complices... Non, représentans, non,
jamais le Français ne se serait courbé sous le joug de la tyrannie. L'Etre
suprême qui veille sur notre République, l'a garantie de ce nouvel at-
tentat. Notre infatigable énergie a déjoué la trame perfide. Les traîtres
ne sont plus, et la représentation nationale est intacte. Continuez, législateurs ; une conspiration aussi atroce a des ramifications étendues. Que
le glaive de la loi frappe tous les complices du nouveau tyran. Nous
sommes debout. Notre point de ralliement est la Convention, et nous
formons, avec elle, un faisceau indissoluble. Vive la République ! vivent
nos représentans ! »

Robespierre abattu, le courage revint à tout le monde ;
et, comme il arrive toujours, il s'en suivit une réaction
contre les hommes devant lesquels on avait si longtemps
tremblé. L'agent national du district avait eu le tort de ne
pas toujours vivre en parfaite intelligence avec la société
populaire ; il fut dénoncé comme le complice de *l'infâme
conspirateur* Saint-Just. Les accusations portées contre lui
étaient des plus graves : il avait méprisé la société, opprimé
les patriotes, opéré des arrestations arbitraires, et par ces
actes coupables, il préludait à une noire trahison. D'accord
avec *l'infame* Saint-Just, il préparait en secret une liste de

proscription sur laquelle figuraient les noms des plus honorables citoyens de la ville, voués par eux au supplice. La société populaire nomma une commission pour recevoir les dépositions touchant cette affaire, examiner les accusations portées contre l'agent national, et lui en faire un rapport.

Ce rapport est curieux à plus d'un titre. Il représente Saint-Just nourrissant la pensée de se créer une royauté dans le nord de la France, et cherchant à parvenir à ce but insensé par l'établissement d'une terreur organisée dans tout le pays. Ecoutons-le :

« Nous avons à vous convaincre que des complices agissaient suivant les ordres des conspirateurs, et s'étaient laissé corrompre, sans doute par l'ambition qui leur était personnelle.

» Eh! citoyens, avez-vous oublié que c'est de la partie du Nord dont Saint-Just voulait être roi? Oui, ce *scélérat* voulait charger de fers son pays, comme ceux qui l'avaient honoré de leur confiance, dans l'attente qu'ils sauraient se sacrifier pour le maintien de la liberté.

» L'infâme! il connaissait bien ceux qui se seraient opposés à ses vues despotiques; il savait bien que ceux qui sinon l'avaient vu naître, au moins le connaissaient depuis son enfance, auraient le courage de le démasquer s'il chancelait un instant dans la carrière politique qu'il avait à parcourir.

» Il fallait donc qu'il fit adopter des mesures capables d'éloigner les yeux surveillans qui le suivaient dans toutes ses démarches, et qu'il s'affidât des agens dans lesquels il pût avec sécurité placer sa confiance. »

Le rapporteur cherchait ensuite à établir la culpabilité de l'agent national. Il s'appuyait particulièrement sur une lettre du secrétaire intime de Saint-Just, lettre infâme révélant

un système d'espionnage et de délation organisé par tout
le pays, et auquel l'agent national était sommé, avec les dehors d'une feinte amitié, de se livrer corps et âme, *sous
peine de mort.* « *On* veut connaître la vérité, dit un passage
» de cette lettre, toute la vérité : ceux qui la cachent por-
» teront naturellement leur tête *à la lunette de l'éternité.* »

A la suite de ce rapport, l'agent national du district fut
dénoncé à la Convention. Celle-ci renvoya la connaissance
de cette affaire au tribunal criminel du département de
l'Aisne, qui acquitta l'inculpé. Un procès civil s'en suivit.
Ce même agent national eut encore gain de cause, et le
tribunal, tout en reconnaissant que plusieurs des accusations portées contre lui étaient fondées, condamna ses ac-
cusateurs à 20,000 livres de dommages-intérêts.

L'intervention de la société populaire de Chauny dans
les affaires publiques fut beaucoup plus utile et plus digne
lorsqu'elle s'exerça à propos des détenus politiques dont les
prisons regorgeaient. L'adresse envoyée à la Convention
par cette société le 5 fructidor an II (21 août 1794) ren-
ferme de précieux détails sur les arrestations en masse
commandées et exécutées au nom de la liberté.

« Les sociétés populaires, dit cette adresse, ne doivent pas seulement
surveiller les conspirateurs et provoquer la punition des ennemis du
peuple ; elles doivent aussi seconder de tout leur pouvoir les vues bien-
faisantes de la Convention, qui ne veut pas que l'innocence soit plus longtemps victime.

» Le département de l'Aisne est depuis un an vexé par des mesures
générales bien rigoureuses. Un premier arrêté de Lequinio et Lejeune
avait fait arrêter tous les ci-devant nobles, les fonctionnaires exceptés.
Un deuxième des infâmes Saint-Just et Lebas, a ordonné la même incarcération, en généralisant la mesure, et la mise au secret de toutes les
personnes arrêtées.

» Cet acte barbare, qui ne fait aucune distinction de l'innocent et du coupable, reçoit encore son exécution. Des vieillards de 84 et 85 ans, aveugles depuis vingt années ; des impotens, des femmes malades, des cultivateurs *essentiels* à leurs maisons, de vieux militaires sans fortune, de jeunes orphelins sans secours, d'excellens patriotes, fonctionnaires publics et chauds amis de la révolution, gémissent les uns et les autres dans les fers. Et ce que l'on aurait peine à croire, si nous ne l'eussions vu ici, la plupart ont été mis en liberté les 23 et 28 pluviôse par le représentant Roux, sur le vu de leur innocence attestée par toutes les autorités constituées, et ils ont été réincarcérés au bout de huit jours de liberté, en vertu de cet arrêté de Saint-Just, qui était antérieur à leur jugement, puisqu'il est du 16 pluviôse.

» Législateurs, au nom de l'humanité, hâtez-vous de venir au secours des innocens. Décrétez que des commissaires seront envoyés sans délai dans ce département, notamment dans ce district, pour y vérifier les motifs des détentions, et mettre en liberté ceux que la loi du 17 septembre n'a pas atteints.

» Une année de captivité non méritée, voilà les titres de ceux auxquels nous nous intéressons.

» Le patriotisme de beaucoup de détenus, leur républicanisme bien prononcé, sont les motifs de notre intérêt pour eux.

» C'est servir la patrie que de réclamer de bons citoyens ; c'est satisfaire la Convention lorsqu'on lui donne les moyens de réparer les crimes des scélérats qu'elle a punis. »

Au nombre des personnes renfermées à Chauny, on remarquait particulièrement M. le comte Charles-François de Flavigny, ancien capitaine au régiment des gardes françaises. A l'exemple de ces héros de l'antiquité auxquels l'histoire accorde son admiration, M. de Flavigny avait quitté l'épée pour la charrue, et il s'occupait de l'exploitation d'une ferme à Charmes, près de La Fère, quand la révolution éclata (1). Après avoir vu périr ses deux enfans

(1) M. de Flavigny venait d'être nommé maréchal-de-camp. C'était un homme de beaucoup d'esprit et d'instruction. Il a laissé des réflexions sur l'art militaire et une relation de ses voyages. On ne sait ce que sont devenus ces manuscrits. M. de Flavigny est mort au mois de décembre 1803.

sur l'échafaud (1), il fut lui-même arrêté comme noble et
incarcéré à Chauny. Au fond de sa prison, M. de Flavigny,
oubliant l'injustice et la méchanceté des hommes, ne songeait qu'aux moyens de se rendre utile à l'humanité. Après
de longues années de disette, d'abondantes récoltes étaient
enfin venues rassurer les populations affamées. Mais ce n'é-
tait point assez d'avoir des grains; il fallait encore les séparer
de la paille pour pouvoir les livrer aux moulins et les réduire
en farine. Or, les bras manquaient pour l'importante opé-
ration du battage comme pour les autres travaux de l'agriculture, car tous les hommes jeunes et vigoureux étaient
aux frontières, où les appelait la défense de la patrie. Dans
de telles circonstances, M. de Flavigny pensa que la construction d'une machine propre à battre le grain, serait une
chose éminemment utile. Il se mit donc à l'œuvre avec ardeur,
et bientôt il parvint à construire le modèle d'une machine
qui, mue par un seul enfant de douze ans, devait battre
autant de grains qu'auraient pu le faire quatre hommes
ensemble.

Le modèle de cette machine fut déposé, le 23 fructidor
an II, sur le bureau de la société populaire, qui la fit aussitôt fonctionner devant elle. Le succès ayant paru répondre
à son attente, elle décida de solliciter de la Convention

---

(1) M. A.-L.-J. de Flavigny, né et demeurant à Charmes, lieutenant
en second au régiment des gardes françaises, et Dlle A.-L. de Flavigny,
femme Desvieux, sa sœur, âgée de vingt huit ans, furent ensemble condamnés à mort, le 6 thermidor an II, comme ayant trempé dans la pré-
tendue conspiration des prisons. M. de Flavigny était enfermé à Saint-
Lazare depuis dix-huit mois par suite de sa participation à la journée du
10 août, pendant laquelle il s'était rangé au nombre des défenseurs de
Louis XVI.

l'élargissement de M. de Flavigny, ou, du moins, la liberté
pour lui de sortir à volonté de la prison, sous la surveillance
d'un gardien, afin de pouvoir faire exécuter sa machine en
grand sous ses propres yeux. Cette dernière demande fut
seule accordée. M. de Flavigny put se faire ouvrir les portes
de la prison quand il lui plut ; nous savons qu'il fit sans
retard construire une machine conforme au modèle dont il
était l'inventeur ; mais nous n'avons pu découvrir si cette
machine réalisa les espérances qu'elle avait fait naître.

Les évènemens de thermidor donnèrent une nouvelle al-
lure à la révolution. Les prisons se vidèrent ; les exécutions
capitales qui ensanglantaient tous les points de la France,
furent arrêtées ; on respira enfin. Des réformes politiques
suivirent de près ce changement de régime, et une nouvelle
Constitution prit la place de celle de 1793, dont Saint-Just
et Robespierre avaient été les auteurs.

La Constitution de l'an III changea la forme et le personnel des administrations municipales. Les seules villes
d'une population supérieure à 5,000 âmes, conservèrent
une administration distincte ; toutes celles inférieures à ce
chiffre durent avoir une administration collective dite *can-
tonnale*, composée de plusieurs communes réunies. Une
municipalité de ce genre fut établie à Chauny, tant pour
cette ville que pour plusieurs communes des environs. Ce
conseil unique eut à sa tête un président remplaçant l'ancien maire et nommé par l'assemblée primaire du canton.
Elle se composait en outre de plusieurs officiers municipaux, un juge de paix et ses assesseurs. Les autres communes du canton envoyaient seulement un agent au conseil,
dont les délibérations se prenaient à la majorité des voix,
et chaque agent devait ensuite les faire exécuter dans sa
commune respective.

L'une des dispositions de la Constitution de l'an III porta un coup terrible à Chauny, en privant cette ville de son district. Elle ordonnait, dans chaque département, la réduction des districts dont le nombre paraissait avoir été trop multiplié par la Constitution de 1793 ; et comme celui de Chauny était le plus faible du département de l'Aisne, c'est sur lui que tomba l'application de cette mesure. Il fut réuni au district de Laon, et n'a plus cessé d'en faire partie depuis.

Le Consulat, l'Empire et la Restauration ont apporté dans la forme politique de la France d'autres changemens qu'il serait inutile de rappeler ici. Ces changemens sont si récens encore, que personne n'en a perdu la mémoire. Ils n'eurent d'ailleurs, pour Chauny, aucune conséquence particulière. Leurs effets physiques les plus évidens, c'est d'avoir enlevé à cette ville, comme ils l'ont enlevé à toutes les autres communes de la France, la physionomie, l'individualité qui la distinguaient.

Oui, nous le répétons, la conséquence matérielle la plus apparente des changemens politiques accomplis dans notre pays depuis soixante ans, c'est l'anéantissement des individualités communales. Autrefois, chaque ville, chaque bourgade avait ses institutions à part, ses lois, ses coutumes : elle vivait d'une vie indépendante et qui lui était propre, en un mot, elle avait une histoire ; aujourd'hui elle n'en a plus. Ce n'est plus que le membre isolé d'un grand corps qu'on nomme république ou royaume, vivotant de la vie commune, sans originalité, sans physionomie, n'ayant rien en propre, ne se distinguant des autres par rien, dont les annales (nous n'osons dire l'histoire) sont exactement celles des autres villes. C'est l'uniformité sur tout et partout ; c'est la monotonie dans ce qu'elle a de plus triste et de moins poétique. Est-ce là un bien ? est-ce là un mal ? L'avenir seul pourra répondre.

# CHAPITRE VI.

Personnages distingués nés à Chauny : dignitaires ecclésiastiques ; historien , littérateurs , poète , jurisconsultes , hommes de guerre , acteur dramatique , mécanicien.

Si un pays s'honore quand il entoure d'hommages et de respects la mémoire des hommes distingués qu'il a vus naître , le devoir d'un historien , en racontant leur vie , est de montrer leurs actions et leurs travaux environnés de l'estime publique , comme un exemple à suivre par chacun , et un encouragement pour ceux en petit nombre qui se sentent animés du noble désir de les imiter. Dans le catalogue suivant des personnages distingués nés à Chauny , nous n'aurons point sans doute à inscrire de ces réputations qui ont rempli le monde ; mais , pour être plus modestes , ces noms ne sont pas sans quelque éclat , et , à des titres divers , leur mémoire doit être honorée et conservée par l'histoire.

Cette liste est assez nombreuse d'ailleurs pour que les Chaunois soient en droit de réclamer pour leur ville , une part de l'illustration dans les arts et dans les lettres qui a fait la gloire de la France à toutes les époques. On y compte plusieurs hauts dignitaires ecclésiastiques , un historien , sept littérateurs , un poëte , deux jurisconsultes , cinq militaires distingués, un auteur dramatique célèbre et un mécanicien.

Les dignitaires ecclésiastiques sont : Pierre de Chauny, élu abbé de Saint-Barthélemi de Noyon en 1276, et mort en 1288; Jean de Chauny, abbé d'Hennin en 1302; Jean Ives ou Iver, nommé aussi abbé de Saint-Barthélemi de Noyon en 1374, mort en 1400; Henri Moitet ou Moyset, abbé de Ham en 1371; Robert Maillard, élu à l'abbaye de Saint-Eloi-Fontaine en 1598, décédé en 1420; Jean de Raliencourt, nommé à la même abbaye en 1473; et enfin, Nicolas Prudhomme, qui fut abbé de Saint-Jean-des-Vignes-lès-Soissons, en 1516, et mourut en 1541. C'est à lui qu'on doit les belles flèches du portail de l'église de Saint-Jean-des-Vignes, ouvrage dont la délicatesse et la hardiesse sont encore aujourd'hui un objet d'admiration pour l'archéologue et les gens de goût. C'est aussi lui qui fit imprimer le premier bréviaire de cette maison. L'histoire ne nous a transmis aucun détail sur la vie et l'administration des autres.

L'historien natif de Chauny, est Adrien de Lamorlière, chanoine de l'église d'Amiens.

La Morlière naquit à Chauny vers la fin du XVIᵉ siècle. Peut-être était-il le fils d'un Denis Delamarlière qui fut sept fois mayeur de cette ville en 1597-98-99, 1608-9-10 et 1615. S'il en est ainsi, et nous avons tout lieu de le penser, son véritable nom serait *Delamarlière* et non *Delamorlière*. L'existence d'Adrien ne nous est d'ailleurs connue que par les ouvrages qu'il a publiés. Tous concernent la ville d'Amiens où Lamorlière possédait un canonicat et où il parait avoir passé sa vie entière. Le premier fut publié en 1620, format in-4°, sous ce titre : *Recueil de plusieurs nobles et illustres maisons du diocèse d'Amiens et des environs.* Cet ouvrage se recommande par son exactitude. Il fit ensuite paraître l'année suivante, dans le même format : *Antiquités et choses les plus remarquables de la ville d'Amiens.* Cet ouvrage fut réimprimé en 1622 sous ce titre : *Bref etat des antiquités d'Amiens.* et eut plusieurs éditions. Si ces deux derniers livres ne brillent pas par un style élégant et châtié, trop souvent acheté au prix de la vérité, ils se recommandent du moins par un mérite peut-être plus durable, celui de l'exactitude.

Les littérateurs nés à Chauny sont : Antoine Fouquelin, Jean Tavernier, Jean Dupuis, Charles Vuitasse, Michel Théraise, Bonaventure Racine et Pierre Pestel.

Antoine Fouquelin, et non Foquelin ou Fochin, comme l'écrivent quelques biographes, naquit à Chauny dans la première moitié du XVIe siècle. Elève de Cujas et de Ramus, il se montra digne de tels maîtres. Il passait pour un orateur éminent et un grand jurisconsulte ; aussi fut-il jugé digne d'être nommé précepteur de la savante et infortunée Marie Stuart, reine d'Ecosse. Il composa pour elle un livre intitulé : *Rhétorique française,* qui eut l'honneur d'être plusieurs fois réimprimé. Fouquelin ouvrit aussi à Paris des cours publics sur la philosophie d'Aristote, et alla ensuite professer le droit à Orléans. Il publia bientôt après une édition des satyres de Perse sous ce titre : *Antonii Focquelini Veromandui in Auli Persii satyras commentarius ad Petrum Ramum, eloquentiæ et philosophiæ regium Lutetiæ professorem;* Paris 1555. Il avait dédié, comme on le voit, ce travail à Ramus, son ancien maître. L'ouvrage le plus estimé de Fouquelin est celui intitulé : *Prælectiones Aurelianæ ad titulos de vulgari et pupillari substitutione;* Paris 1559, réimprimé en 1577 et 1695. Saxius nommait cet ouvrage *aureolus libellus,* « un petit livre d'or. » On ne connaît pas l'époque de la mort de Fouquelin ; mais elle a dû suivre de près la publication de ce dernier ouvrage.

On sait très-peu de chose de Jean Tavernier. Il était contemporain d'Antoine Fouquelin et docteur de Sorbonne. On a de lui deux livres composés dans le but de combattre les hérétiques. Jean Tavernier les fit imprimer en 1551 et les dédia au cardinal de Lorraine. Le premier porte ce titre : *De la vérité du corps et du sang de Jesus-Christ dans le sacrement de l'autel ;* l'autre est intitulé : *Du Purgatoire.*

Jean Dupuis n'est pas beaucoup mieux connu. On sait qu'il naquit à Chauny en 1655, et qu'il fut professeur d'humanités au collège Mazarin pendant près de cinquante années. Le célèbre Rollin qui connaissait son talent pour l'instruction de la jeunesse, l'honorait de son amitié. Son premier ouvrage fut imprimé sous ce titre : *Réflexions morales et religieuses sur les endroits choisis de l'ancien et du nouveau Testament.* Il publia ensuite plusieurs petits traités de littérature composés dans le but louable de rapporter toutes les études à la religion. Elu recteur de l'université en 1702 et continué pendant un an, Jean Dupuis fit un extrait de ses statuts et en composa un petit ouvrage; il fit également imprimer, en 1705, les statuts de la faculté des arts. Ce courageux professeur poussa sa carrière jusqu'à près de quatre-vingts ans. Un rhume négligé le fit descendre au tombeau en 1739, le jour du vendredi saint ; il n'avait cessé l'enseignement que depuis quatre ans, et il avait fallu une cause aussi puissante que l'affaiblissement de sa vue, pour le forcer à quitter cette laborieuse carrière.

Charles Vuitasse, docteur et professeur de Sorbonne, naquit le 11 novembre 1660 à Chauny, et non à Coucy, comme un faux renseignement nous l'a fait dire dans l'his-

toire de cette dernière ville. Elevé dans la célèbre communauté de Sainte-Barbe, il se destina tout d'abord à l'état
ecclésiastique. Aussi le vit-on cultiver à la fois la théologie,
l'histoire ecclésiastique, les langues grecque et hébraïque.
Admis dans la société de Sorbonne en 1688, il en fut élu
prieur l'année suivante. Il fit sa licence avec une grande
distinction, fut reçu docteur en 1690, et nommé plus
tard à une chaire de théologie qu'il remplit pendant dix-
huit années. L'abbé Vuitasse donna bientôt après son *Traité
de la pâque, ou lettre d'un docteur de Sorbonne touchant
ce système*, et répondit par trois lettres successivement in-
sérées dans le *Journal des savans*, aux critiques qui parurent contre son ouvrage. C'est à l'abbé Vuitasse que l'on
dut l'idée de la création, à Paris, d'une maison de retraite
pour les prêtres âgés et infirmes. Un particulier s'étant
adressé à lui pour le consulter sur le désir qu'il avait de
contribuer par ses largesses à quelque bonne œuvre, l'abbé
Vuitasse l'engagea à fonder un établissement de ce genre.
Telle fut l'origine de la communauté des prêtres de saint
François de Sales, qui fut autorisée par lettres patentes de
1700. Vuitasse ayant refusé, quatorze ans après, de se
conformer à la bulle *Unigenitus*, s'attira un ordre qui l'exilait
à Noyon; mais il se tint caché et fut seulement privé de sa
chaire. La mort de Louis XIV lui permit de reparaître en
1715; il fit aussitôt des démarches pour recouvrer sa chaire.
Le 10 avril 1716, ses amis se rendant chez lui pour l'informer du succès de ses démarches, le trouvèrent sans vie;
il avait été frappé pendant la nuit d'une attaque d'apoplexie
foudroyante.

On fit paraître, après sa mort, les traités qu'il avait
dictés en Sorbonne, savoir : ceux de Dieu et de ses at-
tributs, de la Trinité, de l'Incarnation, de la Pénitence,

17

de l'Eucharistie et de l'Ordre. Le parlement l'avait nommé, le 20 novembre 1715, pour examiner, en compagnie de cinq autres commissaires, l'édition des conciles du père Hardouin. Le rapport de la commission ne fut fait que sept ans après; mais on dit que Vuitasse avait donné un avis particulier, qui fut remis avant sa mort entre les mains des gens du roi.

Michel Théraise est un autre docteur de Sorbonne également né à Chauny, où il vit le jour en 1669 ou 1670. Il fut aussi chanoine et grand chantre de Saint-Fursi, à Péronne. On lui doit les petits ouvrages religieux suivans : *Questions sur la messe publique solennelle.* C'est une explication littérale et historique de la cérémonie de la messe et de ses rubriques. Le succès obtenu par cet ouvrage lui fit porter plus loin ses recherches, et il publia les *Recherches historiques sur la messe, sur l'office divin et sur l'administration des sacremens.* La mort, qui le frappa le 24 novembre 1726, ne permit pas à Michel Théraise de terminer ce dernier ouvrage, auquel le public avait aussi fait un grand accueil.

Bonaventure Racine naquit le 25 novembre 1708, à Chauny, et non à Coucy, comme nous l'avons dit par erreur dans l'histoire de cette dernière ville. Son éducation fut soignée par son compatriote Jean Dupuis, qui professa pendant cinquante ans les humanités au collège Mazarin, à Paris, et dont nous avons parlé plus haut. Il fit de rapides progrès dans les langues latine, grecque et hébraïque, comme en rhétorique et en philosophie. Sa réputation le désigna à l'évêque d'Albi comme l'homme le plus propre à rétablir le collège de Rabasteins; il y fut appelé. Grâce à ses soins et à sa capacité, on vit bientôt refleurir dans cet établissement la piété et les bonnes études. Les jésuites qui, alors, tendaient à s'emparer de l'éducation de la jeunesse dans tout le royaume, virent les succès de Racine avec envie, et trouvant en lui un concurrent dangereux, firent tant auprès du cardinal Joly, qu'il se vit contraint de quitter le collège de Rabasteins. Racine se retira alors secrètement à Montpellier où il fut accueilli par l'évêque Colbert, qui lui donna la direction du collège de Lunel. Mais ses ennemis l'y eurent bientôt découvert. Menacé d'être arrêté en 1730, il s'échappa par des chemins détournés et se réfugia à Clermont. Enfin, ne s'y trouvant pas encore en sûreté, il revint à Paris et rentra au collège d'Harcourt. Un ordre du cardinal de Fleury l'obligea encore à s'éloigner. Tous ces déboires lui inspirèrent le dégoût de la vie active, et lui firent prendre la résolution de se retirer dans la retraite. Il accepta de M. de Caylus, évêque d'Auxerre, un canonicat dans son église, et s'adonna tout entier à l'étude de l'écriture sainte.

La science et le mérite de Bonaventure Racine ne lui avaient pas seuls attiré ces persécutions. Il avait, dès 1743, pris une part active aux disputes qui s'étaient élevées entre les appelans sur la crainte et la confiance. Il publia d'abord sous le titre de : *Simple exposé de ce qu'on doit entendre par la confiance et la crainte*, deux mémoires dans lesquels il cherchait à ramener la question à son véritable point de vue. Il fit ensuite imprimer dans le même but une *Instruction familière sur la crainte et l'espérance chrétienne.* Ces écrits redoublèrent l'animosité de ses persécuteurs, qui parvinrent, comme nous l'avons dit, à le faire éloigner de Paris. Il trouva heureusement un protecteur dans M. de Caylus, évêque d'Auxerre, lequel le pourvut d'un bénéfice, afin de pouvoir lui conférer les ordres en lui épargnant la signature du formulaire.

L'abbé Racine consacra les loisirs de sa retraite à la composition d'un ouvrage important dont les deux premiers volumes, du format in-12, parurent en 1748 sous le titre de : *Abrégé de l'histoire ecclésiastique, contenant les évènemens considérables de chaque siècle, avec des réflexions.* Neuf volumes parurent pendant les années suivantes ; mais l'état d'épuisement dans lequel une application trop opiniâtre fit tomber l'abbé Racine, l'obligea à interrompre en 1754 la publication de cet ouvrage, et l'empêcha de le terminer. Il s'arrête au XVIII<sup>e</sup> siècle. Les premiers siècles de l'église y sont traités avec exactitude et mesure ; on ne peut pas en dire autant des autres. On y trouve trop souvent une apologie du parti auquel l'auteur s'était voué, et des déclamations contre les personnes contraires à ce même parti.

Racine mourut à Paris en 1755 et non en 1769, comme l'ont écrit quelques biographes. On a fait paraître après sa mort ses *OEuvres posthumes*, et des *Discours sur l'histoire universelle de l'église*, 1759, 2 vol. in-12. Il y a dans cette collection une notice sur sa vie.

Nous avons trouvé un autre ecclésiastique du nom de Racine, également né à Chauny, et qui paraît être de la même famille que le précédent. Il se nommait François Racine, fut moine de Saint-Denis dont il a composé le nécrologe, et mourut en 1698. Le père Labbé le dit frère Cordelier. François Racine fit deux fois le voyage de la Terre-Sainte, fut pris par les Turcs, revint en France et entreprit un troisième voyage durant lequel il succomba.

Pierre Pestel florissait au commencement du XVIII<sup>e</sup> siècle. Il professa longtemps l'éloquence au collège du cardinal Lemoine, à Paris. On a de lui plusieurs ouvrages en prose et en vers, dont un seul s'est sauvé de l'oubli. C'est celui intitulé : *Johannis Racini epicedion* (éloge funèbre de

Jean Racine), *per Petrum Pestel.* Pierre Pestel est mort en 1721.

Le seul poëte qui ait vu le jour à Chauny est Augustin Cabotin. Il florissait dans la première moitié du XVIIe siècle. Avocat au parlement de Paris, Cabotin occupait ses loisirs par des compositions poétiques qui lui acquirent une certaine réputation dans les lettres. On lui doit la traduction en vers burlesques des aphorismes d'Hippocrate; ouvrage que nous n'avons pu trouver nulle part, mais qui n'est pas, dit-on, sans quelque mérite. Il fut imprimé en 1665. Cabotin mourut deux ans après.

Les deux jurisconsultes nés à Chauny, sont Gabriel Souaille et Louis Vrevins.

Souaille, lieutenant-général au bailliage de cette ville vers la fin du 17e siècle, a laissé différens ouvrages manuscrits parmi lesquels on distingue un volume sur la coutume de Chauny. Il se conserve dans sa famille.

Louis Vrevins, après avoir été avocat au Parlement de Paris, puis conseiller du roi au bailliage de Chauny, en devint également lieutenant-général au commencement du même siècle. Ce fut un écrivain fécond. Il publia d'abord, en 1617, ses *Notables Observations et singulières Remarques sur le Code Henri,* en 16 livres; et l'année suivante: *Plaidoyer pour la défense du Prince des Sots.* L'année 1618 vit paraître l'*Enfer des Chicaneurs,* qui eut une seconde édition en 1622. Le titre de ces deux derniers ouvrages donne envie de les lire, car il promet des détails curieux sur les mœurs et les coutumes du 17e siècle. Malheureusement ils sont si rares, que nous n'avons pu encore nous les procurer. Un ancien écrivain, plus heureux que nous, nous apprend que le dessein de Vrevins, en écrivant son *Enfer des Chicaneurs,* avait été de mettre sous les yeux de ses concitoyens le tableau des abus révoltans de la justice de son temps, pour leur retirer l'envie de jamais plaider. Le principal ouvrage de Louis Vrevins est son *Commentaire sur les Coutumes réformées de Chauny*, publié en 1641, un gros volume in-4°. Ce traité, important à l'époque où il parut, était alors très-estimé ; il est encore recherché.

Le médecin renommé auquel Chauny a donné le jour, se nommait Jacques Joseph. Il florissait dans la première moitié du 17ᵉ siècle. Il exerça son art non point dans son pays natal, mais dans une ville voisine, à La Fère. Sa réputation de science et d'habileté était répandue dans tout le pays environnant. Malgré ses grandes occupations, il trouva encore le loisir de composer un petit livre intitulé : *Histoire de saint Montain*, qui fut imprimé en 1656, année même de sa mort. Jacques Joseph y prétend que ce saint, patron de La Fère, vivait sous les prédécesseurs de Clovis.

Les militaires distingués natifs de Chauny sont : Hauterive, Lelièvre, Favereau, Penant et Tronquoy.

Hauterive fut d'abord garde-du-corps. Catherine de Russie le nomma plus tard chef de la colonie d'Astrakan. On ne sait rien autre chose sur Hauterive ; mais un homme capable d'attirer les regards de la fameuse impératrice de toutes les Russies, et d'en obtenir le commandement d'une colonie aussi importante que celle d'Astrakan, ne pouvait être un militaire sans mérite.

On ne possède pas plus de détails sur la vie de Lelièvre. On sait seulement qu'à la suite d'une action d'éclat dans la journée du 5 octobre 1789, il fut nommé colonel de la gendarmerie nationale de Paris.

Charles-François-Léger Favereau naquit en 1760 et entra au service, comme simple canonnier, à l'âge de 19 ans.

Bien qu'à cette époque les grades fussent réservés à la naissance et à la fortune, le mérite et la valeur de Favereau firent oublier l'usage en sa faveur : il fut nommé capitaine. La Révolution lui permit de monter avec plus de rapidité. Devenu général de division et inspecteur général de l'artillerie de la marine, il exerçait un commandement en Bretagne à l'époque où Carrier s'y signalait par tant d'horreurs ; Favereau eut le bonheur de pouvoir lui arracher des victimes. Il prit part au succès de la journée du 9 thermidor, en refusant des munitions à Hanriot, et en défendant l'arsenal contre la populace du faubourg Saint-Antoine. Napoléon ne le mit pas moins à la retraite en 1804, parce que, dit-on, il ne l'aimait pas. La rentrée de Louis XVIII le fit sortir de sa retraite, et son zèle pour la cause des princes lui valut la croix de Saint-Louis. Favereau mourut en 1825, âgé de 65 ans.

Jean-Baptiste Penant et Jacques-Antoine Tronquoy, tous deux nés en 1769, et tous deux colonels, firent la plupart des guerres de l'Empire. Celui-ci fut tué au passage de la Piave, en 1809 ; celui-là à la retraite de Russie, en 1812.

Jean-Blaise Martin se rendit célèbre à la fin du siècle dernier et au commencement de celui-ci, comme chanteur et comme acteur. On n'est pas bien d'accord sur le lieu de sa naissance. Les biographes le font naître à Paris, en 1767 ; mais un écrivain contemporain de Martin et qui paraît l'avoir bien connu, dit positivement qu'il vit le jour à Chauny. C'est donc sur le témoignage de cet écrivain que nous plaçons Martin au nombre des hommes dont cette ville peut s'enorgueillir. Nous devons dire toutefois que nos recherches ne nous ont rien appris de certain à cet égard. Nous avons seulement trouvé dans les registres des paroisses

de Chauny pour l'année 1766, cet acte de baptême : « Il
» nous a été présenté un enfant du sexe masculin, né le
» 11 novembre, d'Antoine Dumenil, manouvrier, et de
» Marie-Josephe Chatelain, auquel ses parrain et marraine
» ont donné le nom de Jean-Baptiste Martin. » Est-ce celui
dont nous allons nous occuper? Nous ne saurions l'affirmer.

Martin était, dit-on, de la famille du fameux peintre et
chimiste de ce nom célébré par Voltaire. Né de parens
pauvres, un fils de ce dernier le recueillit et lui fit donner
une bonne éducation, bien qu'il le destinât à la simple
profession d'orfèvre. Martin avait d'heureuses dispositions :
il étudia avec une même ardeur et un même succès la
peinture, la danse et la musique; il fit surtout des progrès
rapides dans ce dernier art, et il devint fort habile sur le
violon. En 1786, Martin, qui avait étudié l'harmonie sous
Candeille, donna un premier ouvrage au théâtre sous le titre
de : *Les Oiseaux de mer.* Cet opéra-comique fut reçu avec
quelque faveur. Mais ce n'est ni dans la composition, ni
dans l'exécution que Martin devait trouver ses plus grands
succès. Il possédait une superbe voix de soprano que, jusque là, il avait en quelque sorte laissé dormir. Se trouvant
un jour avec des amis, ceux-ci le prièrent de chanter;
Martin s'y refusa d'abord; puis, comme si sa véritable
vocation lui eût été tout-à-coup révélée, il chanta et cela
avec une telle supériorité, que tous ses auditeurs ravis
d'admiration s'écrièrent que Martin devait briser son violon,
puisqu'il possédait en lui-même un instrument bien supérieur et avec lequel il produisait une bien plus vive sensa-
tion. Il n'en fut pas moins refusé à l'Opéra. Admis au
théâtre Feydeau, Martin débuta en 1788 dans le *Marquis
de Tulipano*, opéra-comique de Paisiello. Son succès fut
immense. La beauté de sa voix, et surtout le tour de chant

qu'il sut donner aux mélodies de Paisiello, ajoutèrent au mérite de la composition. On lui reprocha toutefois de n'être pas comédien, et ce reproche, grave pour l'époque, l'engagea à étudier l'art mimique. Ses succès furent si rapides que, dès 1792, sa réputation d'excellent comique était solidement établie. Dès-lors, il n'eut plus à s'accommoder aux rôles, les auteurs et les compositeurs accommodèrent les rôles pour lui : l'emploi de *Martin* fut créé à l'Opéra-Comique. Nous ne pouvons nommer toutes les pièces dans lesquelles il obtint d'éclatans succès. Le naturel de son jeu dans *Une folie*, pièce où tous les anciens usages de sa ville natale sont mis en scène, attira longtemps la foule.

Martin se retira de la scène en 1822 ; il y reparut néanmoins plusieurs fois pendant les dix année suivantes, et ne cessa de rester un sujet d'admiration pour ceux qui ne l'avaient pas connu dans sa jeunesse. Aussi l'appela-t-on, après 1830, au secours de l'Opéra-Comique, dont la ruine était imminente. Il joua plusieurs fois jusqu'en 1833, et toujours avec le même succès, notamment dans un pastiche composé pour lui sous le titre de : *Souvenirs de Lafleur*. C'était une réunion des plus beaux airs de son répertoire ; ce triomphe fut le dernier. Mais il ne resta pas oisif, et il consacra tous ses soins aux élèves dont se composait sa classe du Conservatoire. Au commencement de 1835, ayant senti les premières atteintes d'une gastrite, il fit un voyage à la belle terre de la Roncière que possédait son ami Elleviou, espérant trouver du soulagement et même sa guérison dans ce changement d'air ; il y trouva la mort le 18 octobre suivant.

Martin avait été marié quatre fois. Sa première femme fut la charmante *Simonnette*, sa camarade au théâtre Feydeau. La seconde était une des filles de l'acteur Paulin.

18

Il eut pour troisième femme la célèbre M^{lle} Gosselin aînée , première danseuse de l'Opéra , qui mourut de la poitrine à l'âge de 21 ans ; et enfin pour quatrième , une fille du compositeur et marchand de musique Paccini , qui lui a survécu. Martin était ténor solo à la chapelle impériale et faisait partie de la musique particulière de Napoléon. Il conserva ses places sous la Restauration , et les perdit à la révolution de juillet 1830.

Nous fermerons la liste des hommes distingués natifs de Chauny par Jean-Baptiste Hubert, dont le nom entouré de moins d'éclat peut-être que celui de plusieurs d'entre eux , ne mérite pas moins d'être honoré et conservé, car il rappellera longtemps de nombreux et éminens services rendus à l'Etat.

Hubert naquit le 1^{er} mai 1784 , de parens honnêtes et estimés. A peine âgé de seize ans et demi , et bien que ses études fussent imparfaites, il entra à l'Ecole Polytechnique, où il ne tarda pas à se distinguer , car il possédait deux qualités précieuses, apanage ordinaire des hommes d'avenir : un ardent amour du travail et une parfaite organisation.

A l'époque où Hubert faisait partie de l'Ecole Polytechnique , le service des constructions navales était le plus recherché , et c'est vers cette carrière que se dirigeaient les élèves les plus capables. A ce titre il devait y être admis ; et en effet, il fut reçu le 20 novembre 1799 à l'école spéciale des ingénieurs constructeurs. Ce fut une circonstance fort heureuse de sa vie, comme le font observer avec raison les auteurs d'une notice biographique d'où nous tirons ces détails , que le choix qu'il fit de la carrière la plus propre à développer ses talens. Il aurait acquis sans doute dans tout autre service une réputation distinguée ; mais aucun ne lui eut offert, comme celui des constructions navales, des occasions aussi favorables d'exercer ses facultés pour l'invention et la construction des machines.

En 1801, Hubert fut appelé au service des ports, et après quelques années de séjour à Brest, il fut envoyé à Rochefort où il passa quarante ans de sa vie.

C'est dans cette ville qu'il a exécuté les travaux qui lui ont valu une grande réputation dans la marine française et dans celles des nations étrangères; c'est là qu'il a acquis ses droits à la reconnaissance des habitans de Rochefort, pour les établissemens créés par lui dans leur port, et à celle de la marine pour l'utilité des nombreuses machines qu'il a inventées et fait construire : aussi l'arsenal de cette ville est-il, grâce à lui, de tous les arsenaux de France, le mieux pourvu de machines les plus propres à perfectionner le travail des ateliers.

A peine âgé de 25 ans, Hubert inventait le moulin à draguer l'entrée des bassins, utilisé depuis au laminage du plomb et à la préparation de la peinture. Quelque temps après, il faisait construire un moulin à scier.

Chaque année Hubert, participant aux divers progrès de la mécanique appliquée aux arts, donna son nom à de nouvelles machines d'un emploi spécial, immédiat et économique. La première, fut la machine à tourner les vis de pointage de caronades, en fer. Vint ensuite la machine à mortaiser les caisses de poulies, et celle à encastrer les dés de réas de poulies en cuivre; puis l'insaisissable machine à tourner les gournables coniques en bois de fil droit ou tors.

Plus tard, M. Hubert, depuis longtemps préoccupé des procédés de fabrication de l'atelier de corderie, apporta dans la confection des cordages le plus essentiel perfectionnement, par la solution de l'important problème de l'égale tension des fils de caret dans les torons, solution due à l'établissement du crible de projection assignant aux fils dévidés des bobines leurs places respectives dans le toron, et au double mouvement que leur imprime le chariot mécanique qui les commet en hélices entrelacées et superposées, formant faisceau étiré de longueur, avant de les couper.

Les derniers soins de M. Hubert se portèrent sur l'installation des grandes forges, des fonderies et des ateliers de mécaniciens. Il a d'ailleurs construit un grand nombre de vaisseaux, frégates et bâtimens à vapeur qui ont tous justifié de la supériorité de ses talens.

Ce qui l'a caractérisé, c'est qu'à un esprit d'invention très remarquable, il joignait un jugement presqu'infaillible. Peu d'inventeurs se sont trompés aussi rarement que lui. Quand il avait conçu l'effet d'une machine, elle obéissait après son exécution fidèlement à sa pensée, et elle fonctionnait comme il l'avait prévu. Aussi doit-on regretter que les détails vulgaires de l'administration, en le privant d'une grande partie de son temps, l'aient empêché de s'adonner tout entier à ses goûts pour la mécanique : par les résultats qu'il avait obtenus, on peut conjecturer des succès qui l'y auraient attendu !

Hubert est mort le 22 septembre 1845, avec le titre bien mérité de membre correspondant de l'Académie des Sciences, et la croix de commandeur de la Légion-d'Honneur.

FIN.

# TABLE DES MATIÈRES.

FIN DE LA TABLE.

## Errata.

Page 8, ligne 27 : à l'ouest de Chauny, *lisez* au nord-est de Chauny.

—— 8, ligne 23 : qui traversa, *lisez* que traversa.

—— 10, dernière ligne, liues, *lisez* lieues.

—— 40, ligne 29 : abandonnant *et* cette forteresse, *supprimez* et.

—— 82. Une erreur s'est glissée dans le paragraphe relatif aux foires de Chauny. La foire de saint Momble et celle de la Décollation de saint Jean sont une seule et même foire, la Décollation de saint Jean tombant le 29 d'août comme la fête de saint Momble.

—— 136, ligne 29 : il produisail, *lisez* il produisait.

www.ingramcontent.com/pod-product-compliance
Lightning Source LLC
Chambersburg PA
CBHW072100090426
42739CB00012B/2827